KB002397

빅데이터 시대에 10대가 꼭 알아야 할

# 손자병법

온고지신 시리즈

빅데이터 시대에 10대가 꼭 알아야 할

# 손자병법

손무 지음 | 유진 옮김

주니어 미래

# 무한경쟁의 시대, 이기는 삶을 사는 지혜

《손자병법孫子兵法》은 고대 중국의 병법서입니다. 원본은 춘추시대 오나라 왕 합려闔閭를 섬기던 손무孫武가 쓴 것으로 알려져 있지요. 현재까지 전해지는 《손자병법》은 조조가 원본을 요약하고 해석을 붙인 '위무주손자魏武註孫子' 13편입니다.

《손자병법》은 춘추전국시대에 부국강병을 목표로 효율적이고 논리적인 교육을 통해 군대를 체계적으로 조직하는 데 길잡이 역할을 하였습니다. 그리고 2,500년이 지난 오늘에 이르러서는 다양한 병법을 통하여 여러 가지 교훈을 전달하고 복잡한 사회 속에서 슬기로운 지혜를 갖고 현명하게 살아가는 방법과 새롭게 나아갈 방향을 제시해 주는 귀중한 책입니다.

《손자병법》이 시공을 초월한 전쟁론의 고전이라 일컬어지는 것은 효율적이고 절대적인 승리만을 좇는, 말 그대로의 병법이 아니라 백성을 생각하고 인간을 생각하는 마음에 기초한 전쟁의 본질과 최소한의 싸움을 끌어내기 때문일 것입니다. 현대에 이르러서는 수많은 이들이 《손자병법》을 통해 유능한 리더로서의 자질과 진정한 승자의 자세, 위기를 현명하게 극복하기 위해 갖춰야 할 덕목들을 배우고 있습니다.

중국 공산당의 지도자였던 마오쩌둥은 죽을 때까지 늘 침상 머리맡에 《손자병법》을 두고 자신을 다스리고 훈육하는 데 참고서로 사용했다고 하며, 빌 게이츠는 오늘날의 자신을 있게 하는 데 《손자병법》이 많은 영향을 주었다고 말한 바 있습니다.

오늘날 현대인의 삶은 보이지 않는 격전이 일어나는 전쟁터와 크게 다르지 않습니다. 무한경쟁의 시대에 성공을 바라는 모든 사람에게 《손자병법》은 다시 한번 승리의 전략을 세우게 하는 토대가 될 것입니다.

《손자병법》에 담겨 있는 지혜와 지식, 현명한 판단과 인식, 직관력을 겸비한 통찰의 내용이 이 책을 읽는 10대 여러분에게 폭넓은 일상의 척도를 세우고 발전적인 삶을 이끄는 기폭제가 되었으면 하는 바람입니다.

옮긴이 유진

• 차례 •



제1편 시계 始計

## 무턱대고 싸움부터 벌여서는 안 된다



제2편 작전 作戰

## 속전속결이 최고다

## 제3편 모공謀攻

# 적을 알고 나를 알아야 한다



## 제4편 군형軍形

# 승리할 수 없으면 수비하고, 승리할 수 있으면 공격하라

## 제5편 병세兵勢

## 전술은 유연하게



## 제6편 허실虛實

## 상대의 틈을 노려라



## 제7편 군쟁軍爭

## 먼 길을 돌아가면서도 곧바로 가는 것처럼

## 제8편 구변九變

# 모든 상황에는 불리함과 이로움이 함께 있다



## 제9편 행군行軍

# 행군과 주둔의 원칙



## 제10편 지형地形

# 적을 알고 나를 알고 지형을 알아야 한다

제11편 구지九地

## 전쟁터에 따라 다른 작전을 구사하라



제12편 화공火攻

## 불로 공격을 돕는 법



제13편 용간用間

## 첩보전에서 승리하라

제 1 편

# 시계 始計

# 무턱대고 싸움부터 벌여서는 안 된다

이 편은 '계計' 또는 '시계始計'라고 합니다.
'시계'란 최초의 근본적인 계획이란 뜻으로,
나라의 운명을 결정짓는 전쟁을 일으키기 전에
승패의 토대가 되는 근본정책이나 검토해야 할 계획을 말합니다.
더불어 전쟁이 국가와 백성들에게 미칠 영향을 생각해,
함부로 전쟁을 벌여서는 안 된다는 엄중한 경계를 담고 있습니다.

# 빅데이터 시대에 10대가 꼭 알아야 할
# 손자병법

# 전쟁에 신중하라

손자가 말하였다.

전쟁이란 나라의 중대한 일이다. 백성들과 삶과 죽음을 판가름하는 마당이며, 나라의 보존과 멸망을 결정짓는 길이니 신중하게 살피지 않을 수 없다.

孫子曰: 兵者, 國之大事, 死生之地, 存亡之道, 不可不察也.
손 자 왈 병 자 국 지 대 사 사 생 지 지 존 망 지 도 불 가 불 찰 야

전쟁은 나라의 존망과 국민의 생사가 달린 중대한 일입니다. 그래서 정치를 하는 위정자는 이를 신중히 살펴야 합니다. 동서고금을 막론하고 역사에서 전쟁을 일으켜 국토를 파괴시키고 백성을 살상과 굶주림의 생지옥으로 몰고 간 위정자들은 무수히 많습니다.

일례로 춘추전국시대의 왕들이나 17, 8세기 유럽의 군주들은 자신의 공명심을 채우기 위해 전쟁을 일삼았지요. 역사가들은 이를 일러 '왕들의 스포츠'로 풍자하였습니다. 따라서 전쟁을 함에 늘 신중하게 검토해야 한다는 말에는 천금의 무게가 실려 있다 할 수 있습니다.

# 전쟁 전 헤아려야 할 5가지

그러므로 전쟁을 강행함에 있어 다섯 가지 항목으로써 기준을 삼고, 일곱 가지 계책으로써 적과의 정세를 비교해 실정을 탐색해야 한다. 다섯 가지 항목이란 첫째는 도道요, 둘째는 하늘이요, 셋째는 땅이요, 넷째는 장수요, 다섯째는 법제이다.

故經之以五事, 校之以七計, 而索其情; 一曰道, 二曰天, 三曰地,<br>
고 경 지 이 오 사 교 지 이 칠 계 이 색 기 정 일 왈 도 이 왈 천 삼 왈 지<br>
四曰將, 五曰法.<br>
사 왈 장 오 왈 법

손무孫武는 싸우기 전에 반드시 다섯 가지 항목과 일곱 가지 계책으로써 나와 상대의 전쟁 수행 능력을 비교해야 함을 말하고 있습니다.

먼저 생각해야 할 것은 도의, 도덕입니다. 둘째는 하늘의 기상이고, 셋째는 지리적 조건의 이로움입니다. 넷째는 통솔할 지휘관을 선정하는 것이고, 다섯째는 법제, 조직, 교육입니다. 이런 것들이 뒷받침되어야 전쟁에서 이길 수 있는 것입니다.

# 군주와 백성의 뜻이 하나 되게 하라

도道란 백성들로 하여금 군주와 뜻을 함께하게 하는 것이다. 그러므로 군주를 따라 죽을 수도 있고 살 수도 있다는 각오로 백성이 위태로움을 두려워하지 않는 것이다.

道者, 令民與上同意也, 故可與之死, 可與之生, 而民不畏危也.
도자 영민여상동의야 고가여지사 가여지생 이민불외위야

해설

백성들이 군주를 위해 목숨을 바칠 수 있게 하려면, 평소 그 군주의 정치가 공명정대해야 합니다.

공을 세운 사람은 반드시 포상을 하고, 법을 어긴 자는 처벌해야 합니다. 또한 능력에 따라 인재를 등용하고, 만사를 잘 가려 그 근본을 다스려야 합니다.

군주가 거짓을 버리고 진실을 밝히며 예의로 백성을 대할 때 비로소 군주와 백성이 뜻을 함께할 수 있으며, 이에 백성들은 공동운명체에 대한 소속감으로 기꺼이 죽음과 위험을 무릅쓰고 싸움터로 달려 나가는 것입니다.

# 날씨와 기상의 변화를 파악하라

하늘이란 흐림과 맑음, 추위와 더위 같은, 계절과 기상의 변화에 따른 자연현상 전체를 가리키는 것이다.

天者, 陰陽寒署時制也.
천자 음양한서시제야

해설

역사 속에서 전쟁을 승리로 이끈 명장들은 모두 기후와 날씨를 전투에 유리하게 이용할 줄 알았습니다. 특히 화공법의 경우 바람을 잘 타야 하는데, 바람의 방향을 잘못 잡아 역풍이 불게 되면 불길이 도리어 아군을 집어삼킬 수도 있습니다.

그러므로 유능한 장수는 날씨와 기상의 변화를 정확하게 파악해야 합니다.

# 지리를 활용하라

땅이란 먼 곳과 가까운 곳, 험한 곳과 평탄한 곳, 넓은 곳과 좁은 곳, 죽을 곳과 살 곳 등을 말한다.

地者, 遠近險易廣狹死生也.
지 자 원 근 험 이 광 협 사 생 야

장수는 멀고 가까운 거리의 문제, 험하고 평탄한 형세의 문제, 많은 군사의 이동이 가능할 정도로 넓고 좁은가의 문제, 더 이상 물러날 데가 없는 사지死地인가, 살아날 방도가 있는 곳인가 등의 지리적 문제를 잘 파악해야 합니다.

땅의 지리적인 이점과 불리한 점을 정확히 알아야 전진할 곳과 퇴로의 계획을 세울 수 있기에, 군사들의 피해를 최소화하며 승리를 쟁취할 수 있습니다.

그러기 위해서는 지리적 지식으로만 끝나서는 안 되고, 이를 활용해 승리로 이끌 수 있는 전술을 펼쳐야 합니다. 다시 말해 훌륭한 장수는 지식적인 부분 외에도 땅에 대처하는 육감이 있어야 합니다.

# 장수가 갖추어야 할 5가지 덕목

장수는 지혜, 신의, 인자함, 용기, 엄정함의 다섯 가지 덕목을 갖추어야 한다.

將者, 智信仁勇嚴也.
장자 지신인용엄야

장수가 갖추어야 할 다섯 가지 덕목에 대해 말하고 있습니다.

그중 첫째는 지혜입니다. 전쟁의 본질이 군사들의 몸싸움보다는 장수의 두뇌 싸움에 있기 때문입니다.

둘째는 신의입니다. 신의를 저버리는 장수는 그 누구의 신뢰와 협조도 얻을 수 없습니다.

셋째는 인자함입니다. 장수가 평소 군사들에게 인간적인 배려를 아끼지 않을 때 그들도 싸움터에서 죽음을 각오하고 싸우는 것으로 보답합니다.

넷째는 용기입니다. 장수는 불리한 환경에서도 용감히 싸워야 합니다. 그러나 자신의 용맹함만 믿는 저돌적인 장수에게는 큰일을 맡기기 어렵습니다. 용맹을 무기 삼아 경솔하게 싸우는 자는 적의 계략에 말려들기 십상이니까요.

다섯째는 엄정함입니다. 장수는 엄격하고 공정하게 부하를 통솔해야 합니다. 장수가 부하들에게 베풀기만 하고 엄정하지 못하면, 버릇없는 자식이 어버이의 은덕을 모르는 것과 같이 됩니다. 따라서 명령을 어기는 자는 엄하게 처벌하여 군기를 바로잡아야 합니다.

손무는 이 문장을 통해 진정한 장수로 서는 일은 아무나 할 수 있는 것이 아님을 강조하고 있습니다.

# 군대는 체계를 갖추어야 한다

법제란 군대의 조직과 편제 단위, 벼슬 및 계급 체계와 직무의 합리적인 배분, 식량 등 군수물자의 조달과 공급에 관한 업무를 말한다.

法者, 曲制官道主用也.
법 자 곡 제 관 도 주 용 야

해설

여기에서 말하는 법이란 단순히 군법만을 의미하지 않습니다. 법제를 오늘날의 기업체에 비유해서 말하면 효율성을 위해 나눈 조직과도 같습니다.

분명하고 합리적으로 갖춰진 조직이 활성화되면 그 기업체는 계속 성장해 나갈 수 있습니다. 조직을 너무 많이 세분화시키면 의사결정 단계가 많아짐에 따라 일을 신속하게 추진할 수 없고, 책임의 소재 또한 애매모호해지는 경우가 생깁니다. 이는 군대 조직도 마찬가지입니다.

또한 전쟁을 치르는 데 식량 등 군수물자의 원활한 조달과 공급이 중요함은 두말할 나위가 없을 것입니다.

# 앎을 넘어 제대로 이해해야 승리한다

무릇 이 다섯 가지 항목에 대해서는 장수라면 듣지 못한 이가 없을 것이다. 이를 제대로 이해하는 자는 승리할 것이고, 이해하지 못하는 자는 승리하지 못할 것이다.

凡此五者, 將莫不聞, 知之者勝, 不知者不勝.
범 차 오 자　장 막 불 문　지 지 자 승　부 지 자 불 승

해설

앞의 다섯 가지 항목, 즉 도를 지니고, 하늘과 땅을 알며, 장수의 덕목을 갖추고, 법제를 효율적으로 활용하는 것에 대해 알고 있는 장수라 하더라도 이를 제대로 이해하고 실전에 응용한다는 것은 결코 쉬운 일이 아닙니다.

싸움터에는 그만큼 변수가 많기 때문입니다. 그래서 평소 병서를 많이 읽어 이론에 통달했다고 자부하는 장수도 막상 실전에서는 참패를 당한 경우가 많습니다.

그러므로 위정자는 탁상의 전술과 함께 실전을 감당할 인재를 가리는 안목을 갖추어야 할 것입니다.

# 전쟁 전 가늠해야 할 7가지

그러므로 적군과 아군을 일곱 가지 계책으로 비교하면서 그 실정을 탐색하는 것이다.

첫째, 군주 중에 누가 도를 갖추었는가?
둘째, 장수의 지휘는 어느 편이 더 유능한가?
셋째, 기후와 지리 조건이 어느 편에게 더 유리한가?
넷째, 법령은 어느 편이 더 엄격하고 공정하게 시행되는가?
다섯째, 병력과 무기는 어느 편이 더 강한가?
여섯째, 군사의 훈련은 어느 편이 더 잘되어 있는가?
일곱째, 상벌은 어느 편이 더 공정하고 분명하게 시행되는가?

나는 이런 것에 의거해 이기고 지는 것을 아는 것이다.

故校之以七計, 而塞其情. 曰: 主孰有道? 將孰有能? 天地孰得?
고교지이칠계 이색기정 왈 주숙유도 장숙유능 천지숙득
法令孰行? 兵衆孰強? 士卒孰鍊? 賞罰孰明? 吾以此知勝負矣.
법령숙행 병중숙강 사졸숙련 상벌숙명 오이차지승부의

손무는 적군의 아군의 전력을 일곱 가지 계책으로 비교해 보면 싸우기 전에 미리 승패를 알 수 있다고 말합니다.

첫째는 군주의 정치에 대한 것입니다. 근대적 의미의 총력전 이전에도 전쟁은 백성들의 자발적 협력 없이는 이길 수 없는 것이었습니다. 따라서 평소 선정을 베풀어 민심을 얻은 쪽이 전쟁 수행에 유리했습니다.

둘째, 장수의 능력은 승패를 직접 판가름하는 열쇠가 됩니다. 예컨대 남송의 명장 악비岳飛는 금나라 군대와 크고 작은 전투를 백 번 치러 단 한 번도 진 적이 없었습니다.

그래서 금나라 군사들은 산을 움직이기는 쉬워도 악비의 군대를 움직이기는 어렵다고 하였지요. 악비가 간신 진회秦檜에 의해 감옥에서 피살되자 금나라 군사들은 술을 마시며 좋아했다고 합니다.

셋째, 기후와 지형적인 조건도 전쟁의 승패에 변수로 작용합니다. 예를 들어 원 세조世祖의 두 차례에 걸친 일본 원정은 태풍 때문에 실패했습니다. 만일 이때 원나라 수뇌부가 기후에 대한 지식이 있었다면, 그와 같은 무리한 원정은 시도하지 않았을 것입니다.

또한 몽고병이 고려를 침략할 당시 최우는 수도를 강화도로 옮기며 적의 예봉을 피했습니다. 이는 몽고인들이 기마전에는 능하나 수전에는 약한 점을 이용한 것입니다. 이리하여 고려는 무려 40년 동안이나 몽고와의 항쟁을 계속할 수 있었습니다.

넷째, 법령이 얼마나 철저히 시행되고 있느냐 하는 것도 중요합니다. 이는 넓은 의미에서 군대의 편성과 조직의 효율성을 말한 것입니다. 명령 계통이 제대로 서 있고 합리적으로 운영되는 군대는 그만큼 강력합니다.

다섯째와 여섯째는 병력의 수적인 우세와 질적인 우세를 이르는 것입니다. 수적으로 우세한 군대가 훈련도 더 잘되어 있다면 더할 나위 없이 막강하겠지요.

일곱째, 상벌의 공정한 시행도 중요한 문제입니다. 손무가 군령을 따르지 않는 임금의 총희를 베어 여인 부대를 통솔한 것이나 제갈량諸葛亮이 군량 수송로를 지키는 가정 전투에서 패배한 책임을 물어 아끼던 장수 마속馬謖을 참수한 것은 상과 벌을 공정하고 엄격하게 시행해 군심을 다스리고자 한 것입니다.

이와 같이 전쟁의 승패를 가늠하는 손무의 비교와 분석은 지극히 냉철하고 합리적인 것이었습니다.

# 자신을 알아주는 군주라야 떠나지 않는다

장수가 나의 계책을 듣고 이를 쓴다면 반드시 승리할 것이니, 그러면 나는 그에게 머물 것이다. 장수가 나의 계책을 쓰지 않는다면 반드시 패배할 것이니, 따라서 나는 그에게서 떠날 것이다.

將聽吾計, 用之必勝, 留之; 將不聽吾計, 用之必敗, 去之.
장청오계 용지필승 유지 장불청오계 용지필패 거지

해설

손무는 오나라의 왕 합려闔閭가 자신의 계책을 채택하면 머무르고, 채택하지 않으면 떠날 것이라는 결심을 하고 있습니다. 이는 자신의 필승 전략이 그만큼 확고하다는 피력이기도 합니다.

이 시대의 군주들은 부국강병을 위해 널리 인재를 등용하였는데, 손무는 군주가 자신의 병법을 택하지 않을 경우, 다른 나라에 가서라도 자신의 재능을 발휘할 길을 찾고자 한 것이지요.

결국 손무는 합려에게 등용되어 자신의 전쟁 철학을 시험할 기회를 얻게 됩니다.

# 저울추처럼 유동적으로

계책의 이익을 헤아려 듣게 되면 곧 유리한 형세가 되고, 이것이 밖에서 돕는 보조 조건이 되도록 만든다. 형세란 유리한 조건을 잡아서 상황 변화에 따라 주도권을 손에 넣는 것을 말한다.

計利以聽, 乃爲之勢, 以佐其外. 勢者, 因利而制權也.
계 리 이 청 내 위 지 세 이 좌 기 외 세 자 인 리 이 제 권 야

해설

세勢란 전략상 유리한 형세나 작전상 우세에 있음을 말합니다. 이는 병가兵家에서 매우 중시하는 개념으로 정치, 경제, 전략, 전술의 모든 면에서 하나의 큰 흐름을 말합니다.

권權은 저울의 추를 가리키는데, 저울추가 무게에 따라서 그 위치를 바꾸듯 전략이나 작전도 유연하고 탄력 있게 변해야 한다는 뜻입니다.

변화를 예측하기 어려운 전쟁 상황에서 두 개념은 매우 중요한 요소로 다루어졌습니다.

# 병법의 핵심은 속임수

병법이란 속임수이다. 그러므로 능하면서도 능하지 못한 것처럼 하고, 쓰면서도 쓰지 않는 것처럼 하며, 가까운 데를 노리면서도 먼 데를 노리는 것처럼 하고, 먼 데를 노리면서도 가까운 데를 노리는 것처럼 한다.

兵者, 詭道也. 故能而示之不能, 用而示之不用, 近而示之遠,
병자 궤도야 고능이시지불능 용이시지불용 근이시지원
遠而示之近.
원이시지근

해설

죽느냐, 사느냐를 판가름하는 전쟁은 어차피 상도常道에서 벗어난 행위입니다. 따라서 필승을 위한 전략과 전술을 구사함에 있어 수단과 방법을 가릴 필요가 없습니다.

다만 최소한의 희생으로 최대한의 성과를 거두어야 하지요. 유능한 장수는 강한 적을 상대할 때 정면승부하지 않습니다. 적의 방심을 유도해 그 허점을 찌르지요.

손무는 용병用兵이란 실은 속임수임을 갈파하고 있습니다. 이는《손자병법》 열세 편의 핵심 개념이기도 합니다.

호나라를 치고자 한 정나라의 무공武公은 먼저 자기 딸을 호나라 군주에게 시집보내 그 마음을 즐겁게 했습니다. 이렇게 하고는 여러 신하들에게 물었습니다.

"나는 군사를 일으키고자 한다. 어느 나라를 쳐야 하겠는가?"

이에 대부인 관기사關其思가 대답하였습니다.

"호나라를 쳐야 합니다."

이에 무공은 몹시 화를 내며 "호나라는 형제의 나라이다. 네놈이 어찌 치라고 하는가?" 하고는 그를 죽여 버렸습니다.

호나라의 군주가 이 소식을 전해 듣고는 정나라를 우방으로 여기고 아무 방비를 하지 않았습니다. 무공은 이때를 놓치지 않고 호나라를 쳐서 빼앗았습니다. 딸을 주고 조정 중신을 희생시켜 호나라 군주에게 믿음을 준 것입니다.

이렇게 전쟁은 상대방을 확실히 속일 수 있어야만 이길 수 있습니다. 용병의 본질이 기만과 술책임을 장수 된 이는 늘 잊지 말아야 합니다.

# 공격할 때와 싸움을 피할 때

적을 이롭게 하여 꾀어내며, 적을 교란한 후 공격하여 빼앗는다. 적이 견실하면 이에 잘 대비하고, 적이 강하면 싸움을 피해야 한다.

利而誘之, 亂而取之, 實而備之, 强而避之
이 이 유 지 난 이 취 지 실 이 비 지 강 이 피 지

**해설**

미끼를 던져 적을 유인하거나 적의 내부를 교란시킨 후 쳐서 빼앗는 것은 용병가들이 흔히 쓰는 술책입니다.

또한 장수는 견실한 적에 대해서는 잘 대비하고, 적이 강하면 싸움을 피하고 약해질 때까지 기다려야 합니다. 그리하여 아군이 전략적인 우위를 확보하게 되었을 때 총공격을 감행하는 것입니다.

이를 위해서는 사전에 고도의 책략과 속임수를 구사해야 합니다.

# 적을 어지럽히고 교만하게 하라

적을 성나게 하여 어지럽히고, 스스로를 낮추어 적을 교만하게 만든다.

怒而撓之, 卑而驕之
노 이 요 지 비 이 교 지

해설

꾀 많은 장수는 아군의 도전에 응하지 않는 적장을 성나게 하여 싸움터로 끌어들입니다. 냉정을 잃은 측이 손해를 보기 쉽기 때문이지요. 적장이 침착하고 지모가 뛰어난 자라면 이런 술수에는 결코 말려들지 않을 것입니다.

또한 슬기로운 장수는 강한 적과는 정면충돌을 피한 채 스스로 비굴한 태도를 보입니다. 적장이 자부심이 강하고 또한 사려가 깊지 못한 자라면 아군을 멸시하는 마음으로 방비 태세를 소홀히 할 수 있으니까요. 만일 적에게 이와 같은 틈이 보이면 번개 같은 기습으로 쳐부수는 것입니다.

# 지치게 하고 사이가 멀어지게 하라

편안한 적은 지치게 하고, 적들이 친밀하면 그 사이를 벌어지게 한다.

佚而勞之, 親而離之
일 이 로 지 친 이 리 지

해설

222년 봄, 촉한의 유비劉備는 군사 4만 명을 이끌고 오나라로 진격하였습니다. 형주를 지키던 관우關雨가 오나라 장수 여몽呂蒙의 계략에 말려들어 죽임을 당한 것에 대한 설욕전이었지요.

노장 조자룡趙子龍의 반대나 처사 진복秦宓의 충언도 유비의 복수 의지를 꺾을 수는 없었습니다. 유비는 이도와 효정을 쳐서 빼앗고 무협에서 이릉까지 150리에 걸쳐 진을 쳤습니다.

한편 오나라에서는 유비 진영에 사신을 보내 이번 싸움이 두 나라에 모두 이롭지 못함을 설득하였지만, 이는 유비의 분노를 더할 뿐이었습니다.

이에 오나라 군주 손권孫權은 위나라를 섬기기로 하고, 서둘러 그들과 동맹을 맺습니다. 위와 촉한이 연합하여 쳐들어온다면 막아낼 도리가 없기 때문이었지요. 그리고 육손陸遜을 사령관으로 임명하여 유비의 침공을 막기로 했습니다.

육손은 긴장하는 부하들을 이렇게 달랬습니다.

"촉군은 지금 산길을 강행군하여 지쳐 있다. 우리는 수비에 치중하면서 이들이 좀 더 지치고 해이해질 때를 기다려야 한다."

그러나 부하들은 전투를 미루고 있는 사령관을 겁쟁이로 생각할 뿐이었습니다. 계절이 바뀌어 여름이 되었습니다. 그동안 촉군이 몇 차례 싸움을 걸어왔으나 육손은 이에 응하지 않았습니다.

무더워지는 날씨에 점점 지쳐 가던 촉군이 나무 그늘에서 쉬고 있을 때, 이와 같은 동태를 살핀 육손은 곧 작전을 개시하였습니다. 그는 모든 군사에게 불타는 띠 한 묶음씩을 지니고 적진으로 쳐들어가게 했습니다. 이 기습으로 촉군의 전 진영은 이내 불바다가 되고 말지요.

촉군의 도독 풍습은 전사하였고 마안산에서 오군에 포위당한 유비는 밤중에 겨우 백제성으로 피신할 수 있었습니다. 이 한 번의 공격으로 유비의 군대는 궤멸되고 식량과 무기 등도 잿더미가 되어 버립니다. 육손은 싸움을 미룬 채 적군의 피로와 해이해짐을 기다려 통쾌한 승리를 거둔 것입니다.

신뢰와 의리로 맺어진 적의 인간관계를 무너뜨리는 것 역시 효과적인 전술입니다. 초패왕 항우項羽가 그의 참모 범증范增을 파면한 것이나, 위나라 조정이 사마의司馬懿의 병권을 일시 박탈한 것도 이런 경우에 해당합니다. 이간책은 상대방의 내부에 불화를 조성하여 그 전력을 급속히 약화시킵니다.

# 허술함을 노려라

대비가 없는 곳을 공격하고, 경계하지 않을 때에 쳐들어간다.

攻其無備, 出其不意.
공 기 무 비 출 기 불 의

해설

상대가 방심하여 해이해져 있을 때 그 틈을 노려 재빨리 공격하라는 것으로, 마음을 놓고 있을 때 허를 찌르는 것입니다. 이는 아군의 동정만큼 상대를 알고 있을 때 사용할 수 있는 전술입니다.

집중하여 관찰하면 아무리 완벽한 진을 구축했다 하더라도 작은 틈을 발견할 수 있습니다. 더불어 아군에게도 틈이 있을 수 있기 때문에 철저히 대비하는 것이 중요합니다.

# 계략은 함부로 누설하지 마라

이것이 전쟁에서 승리를 움켜쥐는 길이다. 그러나 함부로 누설하거나 전수해서는 안 된다.

此兵家之勝, 不可先傳也.
차 병 가 지 승　불 가 선 전 야

해설

오사칠계五事七計에 따라 정세를 정확히 파악하고, 그에 따른 계획을 충분히 세웠을 때 전쟁을 승리로 이끌 수 있습니다. 그러니 이러한 정세 판단을 마음속 깊이 새기고 계략을 세우되, 이를 함부로 내뱉어서는 안 됩니다.

그뿐 아니라 이렇게 미리 세운 계략에 얽매여 변화에 융통성 있게 대처하지 못해서도 안 됩니다.

# 지혜에 지혜를 더해 만전을 기하라

전쟁을 하기 전에 전략을 수립하면서 승리를 예측하는 것은 이길 수 있는 묘책이 많기 때문이고, 승리를 예측하지 못하는 것은 묘책이 적기 때문이다.

묘책이 많으면 승리할 수 있고, 묘책이 적으면 승리할 수 없다. 하물며 묘책이 없는 경우에야 더 말할 필요조차 없다. 나는 이런 것으로 승패를 미리 내다보는 것이다.

夫未戰而廟算勝者, 得算多也; 未戰而廟算不勝者, 得算少也.
부미전이묘산승자 득산다야 미전이묘산불승자 득산소야

多算勝, 少算不勝, 而況於無算乎! 吾以此觀之, 勝負見矣.
다산승 소산불승 이황어무산호 오이차관지 승부견의

해설

크든 작든 전쟁을 시작하기 전에는 반드시 전략을 수립해야 합니다. 전략 회의에서 상대보다 불리한 점이 여러 곳 드러난다면 확실한 승리를 장담하기 어려울 것입니다. 그러므로 지혜에 지혜를 더해 만전을 기하고 이길 승산이 있을 때 비로소 실전에 돌입해야 합니다.

제 2 편

# 작전 作戰
## 속전속결이 최고다

이 편은 '전戰' 또는 '작전作戰'이라고 합니다.
전쟁의 승부는 군사력 이전에 경제력에 달려 있음을
분명히 밝히고 있습니다.
또한 실제 전쟁에 임했을 때의 문제를 본격적으로 논하면서
전쟁은 빨리 끝내야 한다는 속전속결의 원칙을 제시하고,
용병과 군수물자의 운영 전략에 대해서도 이야기합니다.

빅데이터 시대에 10대가 꼭 알아야 할

손자병법

# 돈이 있어야 전쟁도 한다

손자가 말하였다.

무릇 전쟁을 하려면 전쟁용 수레 1,000대와 운반용 수레 1,000대, 갑옷 입은 군사 10만 명에다 천리나 되는 곳으로 실어 나를 군량을 보급해야 한다. 또한 국내외에서 쓰는 돈과 사신의 접대비, 아교와 옻칠의 재료비, 수레와 갑옷을 정비하는 비용 등 매일 천금의 비용이 든다. 이를 감당할 수 있어야만 비로소 10만의 병력을 일으킬 수 있다.

孫子曰: 凡用兵之法, 馳車千駟, 革車千乘, 帶甲十萬, 千里饋糧.
손자왈 범용병지법 치거천사 혁거천승 대갑십만 천리궤량

則內外之費, 賓客之用, 膠漆之材, 車甲之奉, 日費千金,
즉내외지비 빈객지용 교칠지재 거갑지봉 일비천금

然後十萬之師擧矣.
연후십만지사거의

전쟁을 하려면 군대를 먹이고 움직이게 하는 것부터 시작해 적지 않은 비용이 발생합니다.

섣불리 시작해 놓고 끝을 맺지 못하면 나라는 망하게 됩니다. 그러므로 물자와 비용을 충분히 준비해 놓은 다음, 전쟁의 이익을 따져서 시작해야 합니다. 또한 전쟁 기한을 예측하고 전쟁 후의 국가 경제도 신중하게 따져 봐야 합니다.

당나라와 수나라는 전쟁에서 어렵게 승리를 거두고도 값없이 긴 전쟁으로 멸망하고 말았으니까요.

# 전쟁은 오래 끌수록 불리하다

전쟁을 함에 있어 승리한다고 하더라도 오래 끌게 되면 군사들이 둔해지고 사기가 꺾이며 성을 공격한다 하더라도 힘에 부치게 되고, 오랫동안 군사들을 싸움터에 머물게 하면 곧 나라의 살림이 바닥나게 된다.

무릇 군사들이 둔해지고 사기가 꺾이며 전력이 소모되고 재정이 바닥나면, 이웃의 다른 제후들이 그 지친 틈을 타고 쳐들어올 것이다. 이때에는 제아무리 지혜로운 자가 있다 할지라도 그 뒷일을 수습할 수 없게 될 것이다.

그러므로 전쟁은 다소 미흡하더라도 빨리 끝내야 한다. 솜씨 있게 싸운다 해도 오래 끌게 되면 불리해지는 것이다. 전쟁을 오래 끌어 나라에 이로웠던 예는 아직까지 없었다.

따라서 전쟁의 해악을 알지 못하는 사람은 전쟁의 이로움도 알 수 없는 것이다.

그러므로 군대의 운용은 졸속으로 속전속결한다는 말은 들었으나, 공교하게 하여 오래 끌어서는 승리한 예를 본 적이 없다.

其用戰也勝, 久則鈍兵挫銳, 攻城則力屈.
기 용 전 야 승 구 즉 둔 병 좌 예 공 성 즉 력 굴

久暴師則國用不足, 夫鈍兵挫銳, 屈力殫貨, 則諸侯乘其弊而起.
구 폭 사 즉 국 용 부 족 부 둔 병 좌 예 굴 력 탄 화 즉 제 후 승 기 폐 이 기

雖有智者, 不能善其後矣.
수 유 지 자 불 능 선 기 후 의

故兵聞拙速, 未睹巧之久也. 夫兵久而國利者, 未之有也.
고 병 문 졸 속 미 도 교 지 구 야 부 병 구 이 국 리 자 미 지 유 야

故不盡知用兵之害者, 則不能盡知用兵之利也.
고 부 진 지 용 병 지 해 자 즉 불 능 진 지 용 병 지 리 야

전쟁 전에 준비를 철저히 했다 해도 일단 전장에 나가면 속전속결이 최우선임을 강조하고 있습니다. 아무리 이기고 있는 전쟁이라 하더라도 오래 끌게 되면 국토는 피폐해지고 국력은 쇠락할 수밖에 없습니다. 이 틈을 타 다른 나라가 쳐들어올 수 있음을 염두에 두어야 합니다.

또한 오랜 시간 전쟁에 임하게 되면 군대는 지치기 마련이고, 내부의 조직이 와해될 가능성도 생깁니다. 따라서 손무는 졸속이더라도 전쟁은 속전속결이 좋다는 이야기를 하고 있습니다.

전쟁 전에는 신중하고 치밀하게 정세를 분석하고 계획을 수립해야 하지만, 실제로 전쟁에 임해서는 번개처럼 빠르게 치고 빠지는 전략을 써서 희생과 시간을 줄여야 하는 것입니다.

# 아군의 식량은 적진에서 조달하라

전쟁을 잘 이끄는 장수는 군역을 두 번 징집하지 않고, 식량을 전장으로 세 번 나르지 않는다. 무기는 본국에서 조달하지만 식량은 적지에서 빼앗아 해결한다. 그러므로 식량이 넉넉한 것이다.

善用兵者, 役不再籍, 糧不三載; 取用於國, 因糧於敵,
선 용 병 자　역 불 재 적　양 불 삼 재　취 용 어 국　인 량 어 적

故軍食可足也.
고 군 식 가 족 야

지구전의 폐단을 막기 위한 내용입니다. 전쟁이 길어지면 본국에서 군사들을 다시 징집해 보충해야 하고, 식량의 소모 또한 엄청나게 커집니다. 또한 전장까지 날라야 하므로 이 때문에 백성들이 농사지을 시간을 빼앗겨 궁핍하게 됩니다. 그래서 손무가 병법으로 내세우는 것은 힘들게 식량을 본국에서 조달하지 말고 적으로부터 빼앗아 현지에서 조달하라는 것입니다. 아군으로서는 식량 조달의 비용과 인력을 줄이고, 적에게는 타격을 가하는 일거양득의 효과를 얻을 수 있는 것입니다.

# 장기전의 폐해

나라가 전쟁으로 인해 빈곤해지는 것은 군수품을 멀리 실어 보내기 때문이다. 군수품을 멀리 실어 보내면 곧 백성들이 빈곤해진다. 또한 군대가 가까이 있으면 물가가 오른다. 물가가 오르면 백성들이 쓸 물자가 부족하게 된다. 나라에 물자가 부족하게 되면 이를 채워야 할 부역의 부담이 급격하게 늘어나게 된다.

전쟁으로 힘이 다하고 재정이 고갈되면 나라 안으로는 집집마다 비게 되고, 백성들은 세금으로 10분의 7까지 빼앗기게 될 것이다. 국가의 재정도 어려워져 수레는 파괴되고 말은 피로하며, 갑옷과 투구, 화살과 활, 창과 방패, 세모창과 큰 방패, 수송용 소와 큰 수레 등도 10분의 6이 소진되어 버릴 것이다.

國之貧於師者遠輸, 遠輸則百姓貧. 近於師者貴賣,
국지빈어사자원수 원수즉백성빈 근어사자귀매

貴賣則百姓財竭, 財竭則急於丘役.
귀매즉백성재갈 재갈즉급어구역

力屈財殫, 中原內虛於家. 百姓之費, 十去其七; 公家之費:
역굴재탄 중원내허어가 백성지비 십거기칠 공가지비

破軍罷馬, 甲胄弓矢, 戟楯矛櫓, 丘牛大車, 十去其六.
파거파마 갑주시노 극순모로 구우대거 십거기륙

멀고 먼 전쟁터로 보내는 보급이 여의치 않게 되면 백성의 힘도 기진맥진하여 재원이 궁핍해지고, 웬만한 집안은 텅 비게 됩니다.

군수물자 조달과 잦은 부역 때문에 생업에 전념할 수 없는 백성들의 소득은 전쟁으로 인해 70% 가까이 없어져 버립니다. 국가의 소모도 커서 중요한 전차는 파괴되고, 말이 지쳐 병들며, 많은 군수물자도 약 60% 정도가 쓸모없게 되어 버립니다.

장기 원정전으로 인해 발생하는 국가와 백성들의 궁핍한 상태를 설명하고 있는 대목으로, 여기서 주목되는 점은 전쟁에 필요한 물자의 소진보다 백성이 당하는 곤궁도의 비율이 다소 높다는 것입니다.

즉 전쟁이 오래 지속되면 일반 백성이 먼저 곤경에 빠진다는 사실을 암시하고 있습니다.

# 적의 군량으로 아군을 먹여라

그러므로 슬기로운 장수는 적의 군량을 빼앗아 아군을 먹인다. 적의 군량 1종은 아군 군량 20종에 해당하고, 적의 말 먹이 1석은 아군의 20석과 맞먹는 것이다.

故智將務食於敵. 食敵一鐘, 當吾二十鐘; 萁稈一石,
고지장무식어적 식적일종 당오이십종 기간일석
當吾二十石.
당오이십석

해설

적의 식량과 아군의 식량의 가치가 20배 차이를 보인다는 것은 두 가지 의미입니다. 적의 식량으로 아군을 먹이면, 먼저 수송에 필요한 아군의 비용과 인력을 줄일 수 있습니다. 다음으로 적의 식량을 빼앗음으로써 적의 전력을 약화시킨다는 이점이 있습니다.

적에게 전리품을 빼앗아 전쟁에 들어간 사회적 비용을 충당하지 않으면 경제를 회복할 수 없고, 그리하여 이기고도 지는 전쟁은 아무런 의미가 없게 되는 것입니다.

# 승리할수록 더욱 강해진다

그러므로 적을 죽이려면 군사들에게 적개심을 갖도록 해야 하고, 적에게서 이익을 취하려면 군사들에게 상을 내려야 한다.

싸움터에서 적의 전차 10대 이상을 얻으면 가장 먼저 빼앗은 자에게 상을 내리고 그 전차의 깃발을 바꾸어 아군의 대열 속에 합류시키며 생포한 적군은 잘 대우하여 아군으로 양성한다. 이를 일러 승리할수록 더욱 강해진다고 하는 것이다.

故殺敵者, 怒也; 取敵之利者, 貨也.
고살적자 노야 취적지리자 화야

故車戰, 得車十乘以上, 賞其先得者, 而更其旌旗,
고거전 득거십승이상 상기선득자 이경기정기

車雜而乘之, 卒善而養之, 是謂勝敵而益强.
거잡이승지 졸선이양지 시위승적이익강

적군을 살상하기 위해서는 아군에게 조국과 가족을 위해서 싸운다는 사명감과 아울러 적개심을 심어 주어야 합니다.

또한 적의 전차를 노획하거나 적군을 생포한 군사에게는 상을 내려야 합니다. 노획한 군수물자는 아군이 이용하고, 포로는 잘 대우하여 아군에 편입시킵니다.

전투란 어차피 소모 행위이므로 이런 방법으로 보충하지 않으면 전력을 유지할 수 없습니다.

# 빨리 이기는 것이 중요하다

그러므로 전쟁은 빨리 이기는 것을 중요하게 여기며, 오래 끄는 것을 중요하게 여기지 않는다.

故兵貴勝, 不貴久.
고 병 귀 승 불 귀 구

해설

전쟁은 공세를 취해야 할 침략군과 이를 격퇴해야 할 방어군으로 나누어 생각할 수 있습니다.

전자는 으레 단기전에 의한 승리를 꾀합니다. 장기전이 될 경우 나라가 입을 경제적 피폐와 인명 피해 및 병참 문제가 부담되기 때문입니다.

그러나 후자의 입장에서는 강한 침략군과 정면대결을 피해야 할 때가 많습니다. 그러므로 적이 아군의 물자를 이용하지 못하게 한 후, 그들이 굶주리거나 지쳤을 때 비로소 반격에 나서는 것입니다.

따라서 여기서는 전쟁의 주도권을 장악하고 있는 침략군의 입장에서 속전속결이 유리함을 강조한 것으로 새겨야 할 것입니다.

# 진정한 장수는 전쟁의 본질을 안다

이와 같은 전쟁의 본질을 아는 장수가 백성의 목숨과 운명을 쥐고, 나라의 안위를 짊어진 인물이다.

故知兵之將, 民之司命, 國家安危之主也.
고 지 병 지 장 민 지 사 명 국 가 안 위 지 주 야

해설

전략과 전술에 뛰어난 장수는 나라의 안위와 백성의 생명을 지킬 수 있는 사람입니다. 능력은 보잘것없으면서 처세술로 중책을 맡은 장수는 나라의 운명을 위태롭게 합니다.

일찍이 촉한의 재상 제갈량은 그의 명저 《장원將苑》에서 장수는 다섯 가지 직무와 네 가지 책임을 완수해야 한다고 말한 바 있습니다. 이것이 곧 장수의 오선五善과 사욕四欲입니다.

오선이란 첫째, 적의 정세를 제대로 분석하며 둘째, 나아가고 물러가는 방법을 제대로 알고 셋째, 아군과 적군의 허虛와 실實을 제대로 헤아리며 넷째, 천시天時와 인사人事를 제대로 이해하고 다섯째, 지리를 제대로 파악할 수 있는 것입니다.

또한 사욕이란 첫째, 전투를 뛰어나게 잘하며 둘째, 모의의 기밀이 새어 나가지 않도록 하고 셋째, 군사들이 군율을 제대로 지키게 하며 넷째, 상하의 마음을 한 덩어리가 되게 하는 것입니다. 이것들에 능한 사람이라면 나라의 병권을 안심하고 맡길 수 있을 것입니다.

역사를 보면 유능한 인물이 없어 망한 나라는 드물어도, 유능한 인물을 쓰지 못해 망한 나라는 많습니다.

조나라가 노련한 염파廉頗 대신 풋내기 조괄趙括에게 지휘관의 직책을 맡겨 군사력을 상실한 것이나, 남송이 악비를 죽이고 오랑캐에게 굴복한 것은 참으로 안타까운 일이 아닐 수 없습니다.

이렇듯 명장名將과 범장凡將을 정확히 가리는 일은 나라의 운명을 좌우합니다.

# 모공謀攻
# 적을 알고 나를 알아야 한다

이 편은 '공攻' 또는 '모공謀攻'이라고 합니다.
여기서 '모謀'는 책략 또는 전략을, '공攻'은 공격을 뜻하는 것으로
실제 전쟁에 들어가기 전에 세우는
공격 전략과 전술에 관해 논하고 있습니다.
공격할 때는 교묘한 책략을 세워 적을 완전히 섬멸해야 하지만
손무는 싸우지 않고 적을 굴복시키는 것을 최상의 전략으로 보았습니다.
"적을 알고 나를 알면 백 번 싸워도 위태롭지 않다"는
유명한 구절이 이 편에 나옵니다.

# 빅데이터 시대에 10대가 꼭 알아야 할
# 손자병법

# 싸우지 않고 이기는 것이 으뜸이다

손자가 말하였다.

무릇 군사를 쓰는 법은 적국을 온전히 하여 굴복시키는 게 으뜸이요, 적국을 쳐부수는 것은 그다음이다. 군軍을 온전히 하여 굴복시키는 게 으뜸이요, 군을 무찌르는 것은 그다음이다. 여旅를 온전히 하여 굴복시키는 게 으뜸이요, 여를 무찌르는 것은 그다음이다. 졸卒을 온전히 하여 굴복시키는 게 으뜸이요, 졸을 무찌르는 것은 그다음이다. 오伍를 온전히 하여 굴복시키는 게 으뜸이요, 오를 무찌르는 것은 그다음이다. 그러므로 백 번 싸워서 백 번 다 이기는 것이 가장 좋은 방책은 아니다. 싸우지 않고 굴복시키는 것이 가장 좋은 방책이다.

孫子曰: 凡用兵之法, 全國爲上, 破國次之; 全軍爲上, 破軍次之;
손자왈 범용병지법 전국위상 파국차지 전군위상 파군차지

全旅爲上, 破旅次之; 全卒爲上, 破卒次之; 全伍爲上, 破伍次之.
전려위상 파려차지 전졸위상 파졸차지 전오위상 파오차지

是故百戰百勝, 非善之善者也; 不戰而屈人之兵, 善之善者也.
시고백전백승 비선지선자야 부전이굴인지병 선지선자야

군軍은 12,500명의 편성을 기본으로 한 보통 군대 전체를 통틀어 가리키고, 여旅는 500명에서 1,000명 사이의 규모를 말합니다. 졸卒은 100명에서 200명가량의 규모를, 오伍는 5명에서 100명 사이의 규모를 말합니다.

무력에 힘입어 상대방을 굴복시키는 것은 최상책이 될 수 없습니다. 아군의 피해도 결코 적지 않기 때문입니다. 그래서 손무는 싸우지 않고 적을 굴복시킬 수 있어야만 최상책이 된다고 피력하고 있습니다.

# 전쟁의 최상책과 최하책

그러므로 전쟁에서 최상책은 적의 계략을 미리 알고 이를 깨는 것이며, 그다음은 적의 동맹 관계를 끊는 일이고, 그다음은 적의 군대를 공격하는 일이다. 최하등의 병법은 적의 성을 직접 치는 일이다.

故上兵伐謀, 其次伐交, 其次伐兵, 其下攻城.
고 상 병 벌 모 기 차 벌 교 기 차 벌 병 기 하 공 성

싸우되 손에 피를 묻히지 않으려면 상대의 전략을 탐지하는 것이 첫째입니다. 적의 속까지 꿰뚫어야 하는 것이지요. 소극적인 전법 같으나, 이것이야말로 최상의 전법입니다. 다음에는 원조하는 힘을 끊어 버리는 것입니다. 손을 내밀 수 없는 상태는 전투력의 상실로 이어집니다. 경제적, 물질적 부족뿐 아니라 심리적인 고립감이나 불안감은 실로 큰 작용을 합니다. 그 후에야 비로소 군대를 동원해 공격하는 것입니다.

아래의 단계로 갈수록 성과 없이 희생만 커질 수 있으므로 뛰어난 군대는 첫 번째와 두 번째 단계에서 적의 패배를 끌어냅니다.

# 적의 성은 부득이한 경우에만 공격하라

성을 공격하는 것은 부득이한 경우이다. 큰 방패와 사닥다리, 수레를 보수하고 여러 장비를 갖추는 데만 3개월은 걸린다. 또한 흙무더기를 쌓아 올리는 데 다시 3개월이 소요된다. 장수가 노여움을 참지 못하고 개미떼처럼 성벽을 기어오르게 하여 병력의 3분의 1을 죽게 만들고도 성을 함락시키지 못하는 때도 있다. 이는 공격이 불러들인 재앙이다.

攻城之法, 爲不得已. 修櫓轒轀具器械, 三月而後成, 距闉,
공성지법 위부득이 수로분온구기계 삼월이후성 거인
又三月而後已. 將不勝其忿, 而蟻附之, 殺士卒三分之一,
우삼월이후이 장불승기분 이의부지 살사졸삼분지일
而城不拔者, 此攻之災也.
이성불발자 차공지재야

각종 공성기구를 제대로 준비하려면 석 달 내지 반년이 걸립니다. 장수가 이 기간을 참지 못하고 공격하면 성을 함락시켜도 아군 역시 큰 피해를 입게 됩니다. 그러므로 성의 공격은 피치 못할 때만 강행합니다.

# 뛰어난 장수는 싸우지 않고 이긴다

그러므로 용병에 뛰어난 이는 적병을 굴복시키되 맞붙어 싸우지 않는다.

적의 성을 함락시키되 공격하지는 않는다. 적군을 허물어뜨리되 싸움을 오래 끌지는 않는다. 반드시 자기 나라의 군사를 온전케 한 채로 천하를 다툰다.

그러므로 병력을 소모시키지 않고도 완벽하게 이기는 것이다. 이것이 바로 계략으로 공격하는 것이다.

故善用兵者, 屈人之兵而非戰也.
고 선 용 병 자　굴 인 지 병 이 비 전 야

拔人之城而非攻也, 毀人之國而非久也,
발 인 지 성 이 비 공 야　훼 인 지 국 이 비 구 야

必以全爭於天下.
필 이 전 쟁 어 천 하

故兵不鈍, 而利可全, 此謀攻之法也.
고 병 불 돈　이 리 가 전　차 모 공 지 법 야

219년 가을, 형주를 지키던 관우는 군사를 이끌고 번성樊城으로 향하였습니다. 이 번성은 위나라의 요충지로 정남장군 조인曹仁이 지키고 있었으며, 그 북쪽에는 좌장군 우금于禁과 입의장군 방덕龐德의 군대가 머물러 비상시에 대비하였습니다. 그때에 큰 비가 내려 우금과 방덕의 진지가 모두 물에 잠겼습니다.

이에 관우는 수군으로 먼저 이들을 공격하여 승리를 거두었고, 이제 조인만이 소수의 병력으로 고립된 번성을 지켜야 했습니다. 당시 오나라에서는 진서장군 노숙이 죽고 여몽이 그 후임자가 되어 육구에 머물렀습니다. 여몽은 장강 상류를 확보해야만 오나라의 안전을 기할 수 있다고 생각하였습니다.

한편 관우도 여몽이 부임하자 오나라에 대한 경계 태세를 강화하며 번성을 공략할 때도 배후에 적지 않은 병력을 남겨 두었습니다. 이에 여몽은 오나라 군주 손권에게 건의하여 자신은 병을 치료하기 위해 건업建業으로 물러가고 후임자로 육손을 임명하게 합니다. 관우를 속이기 위한 꾀병이었지요.

편장군 육손은 육구에 부임하자 후한 예물과 관우의 용맹과 지략을 칭송하는 서신을 관우에게 올립니다. 관우는 손권이 식견이 모자라 풋내기를 등용한 것으로 여겨 마음을 놓고 곧 후방의 예비 병력을 빼내어 번성 공략에 모두 투입했습니다.

한편 손권은 위나라에 사자를 보내어 공동의 적 관우를 토벌하기로 동맹을 맺습니다. 그동안 관우의 공격으로 고전하던 번성의 조인은 원군으로 수비를 견고히 할 수 있게 되었지요. 관우는 싸움을 중단하고 지친 군사들을 한수에 모이게 합니다.

여몽은 이 기회를 놓치지 않았습니다. 그는 군사들을 배 안에 숨겨 두고 은밀히 상륙하여 적의 경비 초소와 성곽을 점령합니다. 이때 강릉을 방어하던 미방糜芳과 공안에 주둔하던 부사인傅士仁은 평소 관우에게 멸시와 푸대접을 받아 원한을 품고 있었습니다. 두 사람은 여몽의 군대가 공안과 강릉에 이르자 곧 항복합니다.

이렇게 관우의 세력 거점을 점령한 여몽은 부하들에게 엄명을 내려 부녀자들을 철저히 보호합니다. 근거지를 빼앗긴 관우는 병력이 증강된 번성을 공격할 수도 없고, 또한 돌아갈 곳도 없게 되었습니다.

관우의 군사들은 그들의 부모와 처자식들이 안전하게 지내고 있다는 소문을 듣고 싸울 의욕을 잃어버리지요. 이들은 곧 상관을 배신하고 도주합니다.

이렇게 관우의 군대는 싸우기도 전에 무너져 버렸습니다. 관우는 겨우 10여 기의 병졸을 이끌고 맥성으로 갑니다. 그는 적의 포위망에서 벗어나고자 했으나 오나라 군사들에게 사로잡혀 피살되고 맙니다.

여몽은 속임수로 관우를 안심시키고 나서 기습으로 그 빈틈을 찔러 이긴 것입니다. 이처럼 지혜로운 장수는 전투다운 전투를 치르지 않고도 강적을 정복할 수 있습니다.

## 아군의 수에 따른 병력 사용법

그러므로 병력을 사용하는 방법은 아군의 병력이 적의 열 배면 적을 포위하고, 다섯 배면 적을 공격하며, 두 배면 적을 분산시킨 후 차례로 공격하고, 병력이 대등하면 힘껏 싸운다. 또한 아군의 병력이 적보다 적으면 후퇴하고, 아주 적을 경우에는 싸움을 피해야 한다.

적은 병력으로 끝까지 싸우면 결국 강대한 적군에게 사로잡히게 될 것이다.

故用兵之法, 十則圍之, 五則攻之, 倍則分之, 敵則能戰之,
고용병지법 십즉위지 오즉공지 배즉분지 적즉능전지

少則能逃之, 不若則能避之.
소즉능도지 불약즉능피지

故少敵之堅, 大敵之擒也.
고소적지견 대적지금야

손무는 열 배의 병력으로는 적군을 포위하며, 다섯 배의 병력으로는 정면 공격하고, 두 배의 병력으로는 적을 분산시킨 다음 각개 격파하라고 했습니다. 또한 아군의 병력이 적군보다 훨씬 적으면 무조건 싸움을 피하라고 했습니다.

그러나 전투란 지휘관의 능력과 군사들의 훈련 정도, 지형과 기후조건 등 여러 가지 요소가 변수로 작용합니다.

따라서 절반 정도의 병력으로 적군을 포위하여 대승을 거두는 경우도 있고, 심지어 10분의 1의 병력으로 적을 섬멸하는 때도 있습니다.

예컨대 오나라의 주유는 3만 명의 군사로 위나라 조조의 24~25만 명의 대군을 깨뜨렸으며, 동진의 사현은 8만 명의 군사로 전진의 부견이 인솔하는 87만 명의 대군을 와해시켰습니다.

그러므로 여기에서 말하는 전술은 어느 전투에나 적용할 수 있는 보편적인 법칙이 아니라 개연성을 말한 것으로 해석해야 할 것입니다.

# 유능한 장수의 중요성

무릇 장수는 임금의 중요한 보좌관이다. 보좌에 빈틈이 없으면 국가는 강대해지고, 보좌에 빈틈이 생기면 국가는 반드시 약해진다.

夫將者, 國之輔也. 輔周則國必强, 輔隙則國必弱.
부 장 자　국 지 보 야　보 주 즉 국 필 강　보 극 즉 국 필 약

해설

연나라의 소왕昭王은 재상 자지子之의 난 때 나라가 어지러운 틈을 타 제나라가 자신을 공격한 것에 대해 원한을 품고 있었습니다. 그러나 연나라는 국력이 약하고 또한 거리도 멀어 강대국 제나라를 칠 수 없었습니다. 이에 소왕은 몸을 낮추어 널리 인재를 초빙하였습니다. 악의樂毅는 위나라의 사신으로 왔다가 그의 신하가 된 인물이지요.

당시 제나라 민왕湣王은 남쪽으로는 초나라 군대를 중구重丘에서 쳐부수고 서쪽으로는 삼진三晉의 군사를 관진觀津에서 깨뜨렸습니다. 또 삼진과 더불어 진秦을 치고 조趙와 함께 중산국中山國을 멸하며, 송군宋軍을 쳐부수어 영토를 넓혔습니다.

민왕은 진나라의 소왕昭王과 패권을 다투었으나 백성들은 계속되는 전쟁으로 신음하고 있었지요. 이런 기미를 살핀 연나라의 소왕이 제나라와의 싸움에 대해 묻자 악의가 대답하였습니다.

"제나라는 영토가 넓고 인구가 많으니 우리 연나라 혼자서는 칠 수가 없습니다. 조趙 · 초楚 · 위魏와 힘을 합해야만 공격할 수 있습니다."

이에 소왕은 악의를 조나라에 보내어 동맹을 맺고, 또한 따로 사자를 보내어 초 · 위와 합세하기로 했으며, 진나라까지 연합국에 가담하도록 설득하였습니다. 당시 제후들은 민왕의 교만과 포악함을 미워했기 때문에 기꺼이 힘을 합쳤습니다.

연나라 소왕은 악의를 상장군으로 삼고 그에게 전 병력을 이끌도록 하였습니다. 또한 조의 혜문왕은 악의에게 정승의 직인을 맡겼습니다. 악의는 5개국의 연합군을 이끌고 제나라로 쳐들어갔습니다. 그는 제서에서 제나라 군사를 무찔렀습니다.

싸움이 끝난 후 다른 제후의 군대는 본국으로 물러갔으나 악의는 패주하는 제나라 군사를 쫓아 제의 수도 임치臨淄에 이르렀습니다. 제나라 민왕은 거莒로 몸을 피하고, 악의는 제나라에 머무르며 군정을 폈으나 각 고을 성들은 문을 닫고 항복하지 않았습니다.

그러자 악의는 임치에 들어가 제나라의 보물과 제기를 거두어 연나라로 보냈습니다. 연의 소왕은 크게 기뻐하며 군사들에게 푸짐한 상을 내리고 악의를 창국昌國에 봉하였습니다.

악의는 5년 동안 계속 제나라에 머물며 70여 성을 함락시켰으나 거와 즉묵卽墨만은 버티고 있었습니다.

이즈음 연나라 소왕이 서거하고 태자가 보위를 이으니, 그가 바로 혜왕惠王입니다. 그런데 혜왕은 평소 악의를 의심하고 있었습니다. 즉묵을 지키던 제나라의 전단田單은 연나라에 첩자를 보내어 이런 말을 퍼뜨렸습니다.

"악의가 제나라의 두 성을 빨리 치지 않는 것은 싸움을 오래 끌어 제나라의 임금이 되고자 하는 야심 때문이다. 그래서 제나라 사람들은 다른 장수가 와서 그와 교체하는 것을 염려하고 있다."

혜왕은 첩자가 퍼뜨린 이 말을 듣고 기겁騎劫을 상장군으로 삼아 악의와 교체했습니다.

연나라로 돌아가면 죽음을 당할 것이라 짐작한 악의는 조나라에 귀순해 버리지요. 조나라는 악의를 관진觀津에 봉하고 망제군望諸君이라고 부르며, 연과 제나라를 억누르도록 했습니다.

한편 제나라의 전단은 즉묵에서 교묘한 전술로 연군을 무찌르고 여세를 몰아 제나라의 잃어버린 땅을 모조리 회복하고, 민왕의 아들 양왕襄王을 임치로 모십니다. 이리하여 악의가 오랫동안 연나라를 위해 한 모든 일이 물거품이 되고 맙니다.

유능한 장수가 현명한 임금과 한마음, 한뜻이 되면 그 능력을 마음껏 발휘해 나라가 강대해질 수 있습니다. 그러나 어리석은 임금이 유능한 장수를 멀리하면 국가 안보에 빈틈이 생기고 약소국으로 전락합니다.

# 군주가 군대에 관여하지 말아야 할 3가지

그러므로 임금이 군대에 대해 폐를 끼치는 경우가 세 가지 있다. 첫째, 군대가 나아가서는 안 됨을 알지 못하고 나아가라고 명하고, 군대가 물러나서는 안 됨을 알지 못하고 물러나라고 명하면 이는 곧 군대를 얽어매는 것이다. 둘째, 군대의 일을 알지 못하면서 그 행정에 간섭하면 군대가 혼란스럽게 된다. 셋째, 군대의 권한을 알지 못하면서 지휘에 간섭하면 내부에 의혹만 일으키게 된다. 군대가 혼란과 의혹에 휩싸이게 되면 곧 다른 나라 제후들의 침략을 받는다. 이는 아군을 어지럽게 하여 적군에게 승리를 안겨 주는 것이다.

故軍之所以患於君者三: 不知軍之不可以進而謂之進,
고 군 지 소 이 환 어 군 자 삼 부 지 군 지 불 가 이 진 이 위 지 진

不知軍之不可以退而謂之退, 是謂縻軍; 不知三軍之事,
부 지 군 지 불 가 이 퇴 이 위 지 퇴 시 위 미 군 부 지 삼 군 지 사

而同三軍之政者, 則軍士惑矣; 不知三軍之權, 而同三軍之任,
이 동 삼 군 지 정 자 즉 군 사 혹 의 부 지 삼 군 지 권 이 동 삼 군 지 임

則軍士疑矣. 三軍旣惑且疑, 則諸侯之難至矣, 是謂亂軍引勝.
즉 군 사 의 의 삼 군 기 혹 차 의 즉 제 후 지 난 지 의 시 위 난 군 인 승

일단 장수의 능력을 믿고 지휘권을 맡겼으면 군주는 작전에 대해 간섭하지 말아야 합니다.

장수는 전진과 후퇴, 단기결전과 지구전에 재량권을 가져야만 자신의 능력을 발휘할 수 있습니다. 그리고 전투란 그 속성상 늘 유동적이기 때문에 장수가 그때그때의 상황에 따라 적절한 명령을 내릴 수 있어야 합니다.

현명한 군주가 유능한 장수에게 소신껏 싸우게 하여 나라를 구한 예는 드물지 않습니다. 오나라 군주 손권은 주유周瑜를 총사령관으로 기용하여 적벽에서 조조의 위군을 격파하게 했고, 유비의 침공 때는 육손을 기용하여 이릉에서 섬멸하였습니다.

주유와 육손의 승전도 이처럼 현명하고 도량 넓은 군주가 있었기에 가능했던 것입니다.

## 승리를 미리 아는 5가지 방법

따라서 승리를 미리 아는 다섯 가지 방법이 있다.

첫째, 싸워야 할 때와 싸워서는 안 될 때를 아는 이는 이길 수 있다. 둘째, 많은 병력과 적은 병력을 능숙하게 다룰 줄 아는 이는 이길 수 있다. 셋째, 임금과 백성들의 뜻하는 바가 같으면 이길 수 있다. 넷째, 대비함으로써 대비하지 않음을 기다리는 이는 이길 수 있다. 다섯째, 장수가 유능하고 군주가 간섭하지 않으면 이길 수 있다.

이 다섯 가지는 곧 승리를 미리 아는 길이다.

故知勝有五: 知可以戰, 與不可以戰者勝, 識衆寡之用者勝,
고 지 승 유 오 지 가 이 전 여 불 가 이 전 자 승 식 중 과 지 용 자 승

上下同欲者勝, 以虞待不虞者勝, 將能而君不御者勝.
상 하 동 욕 자 승 이 우 대 불 우 자 승 장 능 이 군 불 어 자 승

此五者, 知勝之道也.
차 오 자 지 승 지 도 야

손무는 다섯 가지 방법으로 승리를 예견할 수 있다고 했습니다.

첫째는 싸워야 할 때와 싸우지 말아야 할 때를 가리는 정세에 대한 정확한 판단력입니다.

둘째는 많은 병력과 적은 병력에 따라 다르게 펼치는 적절한 용병술입니다.

셋째는 윗사람과 아랫사람의 목표와 의사의 일치, 즉 단결력입니다.

넷째는 적에 대한 대비 태세의 철저함입니다.

다섯째는 유능한 장수에 대한 군주의 신임과 뒷받침 등입니다.

손무는 이 다섯 가지가 우세한 쪽이 이긴다고 내다본 것입니다.

# 적을 알고 나를 알면 백전백승

그러므로 적을 알고 나를 알면 백 번 싸운다 하더라도 위태롭지 않다. 적을 알지 못하고 나만 알면 한 번은 이기고 한 번은 지게 된다. 그러나 적을 알지도 못하고 나도 알지 못하면 싸울 때마다 반드시 위태롭게 된다.

故曰: 知彼知己, 百戰不殆; 不知彼而知己, 一勝一負;
고왈 지피지기 백전불태 부지피이지기 일승일부
不知彼不知己, 每戰必殆.
부지피부지기 매전필태

해설

원래 전쟁은 지극히 유동적이며 예기치 않은 변수가 따르게 마련입니다. 따라서 적군의 실력과 동태를 알아내기란 결코 쉬운 일이 아닙니다. 그럼에도 장수는 수집된 정보를 근거로 합리적 추론을 내릴 줄 알아야 하지요. 장수가 언제나 이와 같은 대비 태세로 전투에 임한다면 여러 번 싸우더라도 위태롭지 않을 것입니다. 반대로 아군과 적군의 실정을 제대로 파악하지 못하면 늘 패배의 쓴잔을 마시게 될 것입니다.

제 4 편

# 군형軍形

## 승리할 수 없으면 수비하고, 승리할 수 있으면 공격하라

이 편은 '형形' 또는 '군형軍形'이라고 합니다.
아군과 적군이 서로 대치하고 전력을 배치하는 형태를 말하며,
상황이 변함에 따라 군형이 변화하는 모습을 말하고 있습니다.
제5편의 '병세兵勢'와 더불어 구체적인 전략 전술에 대해 논합니다.

빅데이터 시대에 10대가 꼭 알아야 할

손자병법

## 적이 나를 이길 수 없도록 하라

손자가 말하였다.

옛날에 잘 싸우는 이는 먼저 적이 이길 수 없도록 대비한 후에 적에게 이길 수 있는 때를 기다렸다. 적군이 이길 수 없도록 하는 것은 나의 대비 태세에 달려 있고, 아군이 이기는 것은 적에게 달려 있다.

따라서 전쟁에 능한 이는 적군이 이길 수 없도록 할 수는 있으나, 아군이 반드시 이기도록 할 수는 없다. 그러므로 이기는 계책을 세울 수는 있으나, 이를 반드시 실행할 수는 없다.

孫子曰: 昔之善戰者, 先爲不可勝, 以待敵之可勝.
손 자 왈　석 지 선 전 자　선 위 불 가 승　이 대 적 지 가 승

不可勝在己, 可勝在敵.
불 가 승 재 기　가 승 재 적

故善戰者, 能爲不可勝, 不能使敵必可勝.
고 선 전 자　능 위 불 가 승　불 능 사 적 필 가 승

故曰: 勝可知, 而不可爲.
고 왈　승 가 지　이 불 가 위

상대가 승리할 수 없는 것은 이쪽의 태세가 완전하기 때문이고, 반대로 이쪽이 승리할 가능성이 있는 것은 상대의 태세에 약점과 결함이 있기 때문입니다. 그러므로 아무리 싸움에 능한 자라도 적에게 승리를 주지 않도록 만전의 대책은 취할 수 있으나, 상대를 공격하여 반드시 이길 수 있는 안성맞춤의 태세로 이끌어 가기란 어려운 일입니다.

먼저 아군의 수비 태세가 튼튼하여 언제, 어디서 적의 침략이 있더라도 방어할 자신이 선 뒤에야 공세를 취할 수 있을 것입니다. 그러나 아군의 수비가 완벽한 때라고 해서 곧바로 적을 공격할 수 있는 것은 아닙니다. 적에게 빈틈이 생길 때까지 기다려야 합니다. 이 미묘함을 잘 간파하여 전진과 공격의 시점을 알아내는 것이 장수의 임무입니다.

소설 《삼국지》에서 가장 흥미 있는 대목은 사마의와 제갈량의 대결이 아닐까요? 죽은 공명이 산 중달을 달아나게 했다는 말대로, 사마의는 제갈량의 적수가 되지 못한다고 생각하는 이도 있으나 사실은 그렇지 않습니다.

사마의는 제갈량의 침공 소식을 듣고 부하들에게 이렇게 말했습니다.

"공명이 무공으로부터 동쪽 방면으로 나온다면 이는 급습책이므로 경계해야만 된다. 그러나 서쪽으로 나와 오장원에 이른다면 지구전이 될 것이므로 염려할 게 없다."

제갈량은 위험 부담이 큰 급습책을 피하고 오장원에 주둔합니다. 촉나라 군은 이곳에서 둔전屯田으로 군량을 조달하며 여러 번 사마의의 위나라 군대에 싸움을 걸었으나 이루어지진 않았습니다. 사마의는 시간을 끌수록 물자 보급이 풍부한 자신의 군대가 유리함을 잘 알고 있었기 때문입니다.

적이 수비에만 치중하자 초조해진 것은 제갈량의 촉군이었습니다. 이렇게 되면 아무런 소득도 없이 빈손으로 돌아가야 하니까요. 제갈량은 사마의에게 여자 옷을 선물로 보냅니다. 이는 사마의의 겁 많음을 비웃어 그를 자극하기 위함이었습니다.

그러나 생각이 깊은 사마의는 술수에 말려들지 않았습니다. 부하들이 분개하여 싸우고자 하는 것을 천자의 조칙을 핑계 삼아 억눌렀지요.

그러던 어느 날 또 제갈량이 사자를 보내왔습니다. 사자에게 제갈량의 일과에 대해 묻자 "승상께서는 아침 일찍 일어나시어 밤늦게까지 군무를 보십니다. 스무 대 이상의 태형笞刑은 손수 결재하십니다. 그리고 드시는 것은 몇 홉에 지나지 않습니다."라고 대답하였습니다.

제갈량이 격무에 시달리고 있다고 판단한 사마의는 사자가 돌아가자 이렇게 말합니다.

"공명이 사무는 많고 식사량이 아주 적다고 하니 오래 살지는 못할 것이다."

그의 예상대로 제갈량은 곧 오장원의 진중에서 병들어 죽고 말지요. 제갈량의 정벌은 무위로 그치고 촉군은 서둘러 돌아가야만 했습니다.

사마의는 비록 제갈량에게 이기지는 못했으나, 결코 지지도 않았습니다. 적군이 이길 수 없게 하는 것은 나의 대비 태세에 달려 있고, 아군이 이기려면 적이 허점을 보여야 하기 때문일 것입니다.

# 승리할 수 없으면 수비하고 승리할 수 있으면 공격하라

승리할 수 없으면 수비하고, 승리할 수 있으면 공격한다. 병력이 부족하면 수비를 하고, 병력에 여유가 있으면 공격한다.

不可勝者, 守也; 可勝者, 攻也. 守則不足, 攻則有餘.
불가승자 수야 가승자 공야 수즉부족 공즉유여

만약 상대의 전투 태세가 잘 갖추어져 공격하는 힘과 수비하는 힘의 균형 면에서 이쪽이 불리하다고 생각된다면 일단 공격을 중지하고 지키는 데 전념해야 합니다.

절대적으로 이쪽이 우세하다고 판단될 때 비로소 공세로 나가는 것입니다. 수세를 택한다는 것은 힘의 균형에 있어서 이쪽이 부족하기 때문이고, 공격으로 나아가는 것은 이쪽이 유리하기 때문입니다.

수세냐 공세냐 하는 것은 아군과 적군의 힘의 균형에 따른 것으로, 열세라고 생각될 때는 서투른 책략으로 공격할 생각을 하지 말고 수세를 취하라는 것입니다.

# 수비는 땅속에 숨듯이, 공격은 하늘을 나는 듯이

수비를 잘하는 이는 땅속 깊은 곳에 숨은 듯하고, 공격을 잘하는 이는 높은 하늘에서 움직이듯 한다. 그리하여 능히 스스로를 지키며 완전하게 이기는 것이다.

善守者, 藏於九地之下; 善攻者, 動於九天之上.
선수자 장어구지지하 선공자 동어구천지상

故能自保而全勝也.
고능자보이전승야

**해설**

수비를 잘하는 장수는 깊이를 헤아릴 수 없는 땅속에 숨듯 아군의 역량을 깊숙이 은폐시킵니다. 또한 공격을 잘하는 장수는 높디높은 하늘에서 행동하듯 어떠한 조건에서도 아군의 역량을 최고로 발휘합니다. 그렇게 함으로써 아군을 온전하게 보전하면서 완전한 승리를 거두지요.

촉한의 재상 제갈량과 명승부를 펼친 위나라의 사마의는 방어와 공격에 모두 능한 장수였습니다. 그는 상용上庸에서 맹달孟達이 모반하였을 때 급히 달려가 단숨에 무찔렀습니다.

맹달은 관우가 죽으며 위나라에 항복한 인물로, 조예가 임금이 되자 거취가 불안하여 촉한의 제갈량에게 내통할 뜻을 밝힙니다.

맹달은 사마의의 토벌대가 완성宛城에서 상용에 도착하려면 한 달은 걸리리라 생각했습니다. 그러나 사마의는 천자에게 보고도 하지 않고 즉시 군대를 이끌고 와 여드레 만에 상용에 이르렀습니다. 그리하여 제대로 준비를 갖추지 못한 적군을 닷새 만에 정복했습니다.

반면 요동에서 공손연公孫淵과 싸울 때는 성을 포위만 하고 선불리 공격하지 않았습니다. 이를 의아하게 여긴 부하가 그에게 물었습니다.

"앞서 상용에서 맹달을 칠 때는 불과 닷새 만에 성을 함락시켰습니다. 이번에는 왜 시간을 끌고 있습니까?"

사마의가 대답했습니다.

"그때와는 상황이 다르다. 지금은 공손연이 대군을 거느리고 있고 또한 장마 때문에 아군이 괴로워하고 있지. 이럴 때는 별수 없는 척하는 게 가장 좋은 전술이다."

이윽고 기회가 오자 사마의는 무서운 기세로 성을 공격하여 단숨에 적군을 무찔렀습니다. 이렇게 용병술에 능한 장수는 상황에 따라 작전을 구사하며 완전한 승리를 거둡니다.

# 모두가 아는 싸움은 잘된 싸움이 아니다

여러 사람이 보아 쉽게 이해할 수 있는 승리는 가장 좋은 승리가 못 된다. 싸움에 이겼다고 온 세상 사람이 칭송한다면 최선의 승리는 아닌 것이다. 즉 추호 같은 가벼운 털을 든다고 해서 힘이 세다고 하지 않고, 해나 달을 본다고 해서 눈이 밝다고 하지 않으며, 우렛소리를 듣는다고 해서 귀가 밝다고 하지 않는 것이다.

見勝不過衆人之所知, 非善之善者也; 戰勝而天下曰善,
견승불과중인지소지 비선지선자야 전승이천하왈선

非善之善者也. 故擧秋毫不爲多力, 見日月不爲明目,
비선지선자야 고거추호불위다력 견일월불위명목

聞雷霆不爲總耳.
문뢰정불위총이

참으로 용병과 책략에 능한 사람은 세상에 잘 드러나지 않는 방법으로 승리하므로 칭송을 듣지 못하는 경우가 많습니다. 예컨대 세 치 혓바닥으로 적을 설득하여 싸우지도 않고 물러가게 한다든가, 적의 동맹 관계를 깨뜨리는 것 등이 그러합니다.

# 이길 조건을 갖춘 후에 싸움을 개시하라

옛날에 이른바 전쟁을 잘한다고 일컬어진 장수는 이기기 쉬운 자에게 이긴 것이다. 그러므로 전쟁을 잘하는 자는 승리해도 지략이나 명성, 용맹이나 공적이 두드러지게 나타나지 않는다. 그럼에도 싸워서 승리하는 데는 조금의 어긋남도 없으니 이는 곧 싸우기 전에 반드시 이길 조건을 갖추어 놓고, 이미 패할 만한 상대에게 이기는 것이다.

그러므로 전쟁을 잘하는 장수는 패배하지 않을 땅에서 적의 패배를 놓치지 않는다. 이런 까닭에 이기는 군대는 먼저 이길 조건을 갖추고 나서 싸우며, 패하는 군대는 먼저 싸우고 나서 이기려고 한다.

古之所謂善戰者, 勝於易勝者也. 故善戰者之勝也,
고지소위선전자 승어이승자야 고선전자지승야

無智名, 無勇功. 故其戰勝不忒, 不忒者, 其所措必勝,
무지명 무용공 고기전승불특 불특자 기소조필승

勝已敗者也. 故善戰者, 立於不敗之地, 而不失敵之敗也.
승이패자야 고선전자 입어불패지지 이불실적지패야

是故勝兵先勝而後求戰, 敗兵先戰而後求勝.
시고승병선승이후구전 패병선전이후구승

완벽한 준비를 마친 후에 제대로 된 전술을 펼쳐서 전쟁을 하면 이길 것이 자명합니다. 미리 모든 상황을 준비하고 대처하면서 상대에 대한 파악을 마쳤기에, 사실상 이미 승리를 맡아 놓은 것이나 다름없겠지요. 그만큼 확실하고 철저하게 승패를 저울질한 후에 전쟁에 임하라는 내용입니다.

이상적인 전쟁을 하는 장수는 아군이 완전무결한 태세를 갖추고 있기 때문에 조금도 걱정할 필요가 없으므로 오로지 상대만을 엿볼 수 있습니다. 따라서 적의 약점이 생기면 공격하여 이길 기회를 놓치는 법이 없지요.

이길 싸움은 충분히 이길 만한 태세와 요인 위에 서서 싸움을 개시하는 것이고, 지는 싸움이란 덮어놓고 싸움을 하여 그 싸움에서 이길 기회를 구하려고 하는 위험한 싸움이라는 말입니다.

# 장수는 평소에 덕을 쌓아야 한다

군사를 잘 쓰는 사람은 도를 닦고 법을 잘 보전하므로 승패를 좌우하는 군정을 만들 수 있다.

善用兵者, 修道而保法, 故能爲勝敗之政.
선 용 병 자  수 도 이 보 법  고 능 위 승 패 지 정

해설

《사마법司馬法》에는 군사들을 인애로써 재난에서 건지며, 도의로써 싸움터로 소집해야 한다고 역설하고 있습니다.

사실 덕망이 있는 이가 법제와 군율을 제대로 다스린 후 포악하고 무도한 자를 정벌한다면 이미 싸우기도 전에 승부가 판가름 나게 됩니다. 어질고 의로운 이는 모든 사람이 즐겨 복종하고, 무도한 자는 민심이 그를 버리기 때문입니다.

# 승패를 판단하는 5가지

병법에 '첫째는 도度, 둘째는 양量, 셋째는 수數, 넷째는 칭稱, 다섯째는 승勝에 의해 좌우된다'고 했다. 지형은 도를 낳고, 도는 양을 결정하며, 양은 수를 생기게 하고, 수는 칭을 낳으며, 칭은 승의 기반이 된다.

兵法: 一曰度, 二曰量, 三曰數, 四曰稱, 五曰勝. 地生度, 度生量,
병법 일왈도 이왈량 삼왈수 사왈칭 오왈승 지생도 도생량
量生數, 數生稱, 稱生勝.
양생수 수생칭 칭생승

**해설**

병법의 첫째인 도度는 적군과 아군 사이의 거리를 재는 것이고, 둘째인 양量은 적군과 아군의 군사 동원력을 재는 것이며, 셋째인 수數는 동원 가능한 병력의 수를 계산하는 것입니다. 넷째인 칭稱은 적군과 아군의 전력을 저울질하는 것이고, 다섯째인 승勝은 승리의 가능성입니다.

영토가 있기에 넓고 좁음을 가늠하는 척도가 생겨나고, 척도가 있기에 양을 산정하며, 양을 산정하기에 출병하는 군사의 수를 정할 수 있는 것입니다. 또한 투입 가능한 병력 수에 근거해 전체적인 전투 태세와 전

투력을 견주고, 이러한 양쪽의 전투력 비교를 바탕으로 전쟁의 승패를 가늠할 수 있는 것입니다.

# 한번에 휘몰아치는 싸움을 하라

그러므로 이기는 싸움은 일鎰로써 수銖를 견주는 것과 같고, 지는 싸움은 수로써 일을 견주는 것과 같다. 이기는 사람의 싸움은 천리나 되는 높은 계곡에 막아 둔 물을 한번에 터뜨려 쏟아지게 하는 것과 같으니 이것이 바로 형形이다.

故勝兵若以鎰稱銖, 敗兵若以銖稱鎰. 勝者之戰,
고 승 병 약 이 일 칭 수　패 병 약 이 수 칭 일　승 자 지 전
若決積水於千仞之谿者, 形也.
약 결 적 수 어 천 인 지 계 자　형 야

해설

일鎰과 수銖는 고대 중량의 단위입니다. 1일鎰은 20냥에서 24냥 사이이고, 1수銖는 24분의 1냥입니다. 여기에서는 양쪽 전투력의 차이가 엄청나다는 비유로 쓰인 것입니다. 다시 말해 전쟁은 이와 같은 객관적 상황과 조건에 의해 그 승패가 이미 싸우기 전에 결정된다는 것이지요.

승리할 조건을 갖춘 군대는 이미 패배할 수밖에 없는 적을 공격하므로 압도적인 세력으로 이를 섬멸합니다.

# 병세 兵勢

# 전술은 유연하게

이 편은 '세勢' 또는 '병세兵勢'라고 합니다.
병력의 전술적 배치를 주요 내용으로 하여,
군사들이 전투에 임했을 때 실제 능력을 발휘하는 것,
특히 환경에 따른 변화의 필요성에 대해 언급하면서
전투력과 군대 역량, 처한 상황 사이의 상관관계를 장악하는 유연성을
갖춘 쪽이 승리의 열쇠를 쥐게 된다고 강조하였습니다.

빅데이터 시대에 10대가 꼭 알아야 할
손자병법

# 효율적인 조직과 편제를 갖추어라

손자가 말하였다.

무릇 다수의 병력을 통솔하면서도 소수의 병력을 통솔하듯 함은 이들을 나누어 편성하기 때문이다. 또한 많은 병력이 싸우는 것을 적은 병력이 싸우듯 함은 깃발과 소리 등의 신호 때문이다.

孫子曰: 凡治衆如治寡, 分數是也; 鬪衆如鬪寡, 形名是也.
손 자 왈 범 치 중 여 치 과 분 수 시 야 투 중 여 투 과 형 명 시 야

분수分數란 군대의 조직과 병력 편제를 말하고, 형形은 신호를 하는 여러 깃발, 명名은 전진과 후퇴를 알리는 북과 징을 의미합니다.

군대는 합리적인 편성에 의해 비로소 오합지졸을 면할 수 있습니다. 장수가 수많은 군사를 마치 소수의 군사를 통솔하듯 할 수 있는 것도 바로 이 때문입니다. 또한 수많은 군사가 일사불란하게 전투에 임할 수 있는 것은 부대 표지와 깃발, 그리고 북나팔 등의 신호 덕분입니다. 이렇게 군대의 편성과 신호 체계는 장수의 명령을 말단에까지 전하는 효과적인 방법인 것입니다.

# 전술은 유연하게

삼군의 무리로 적군과 마주치더라도 절대 패하지 않음은 기奇와 정正을 교묘히 구사하기 때문이다. 병력을 더 투입하는 것을 마치 숫돌을 달걀에 던지듯 함은 우세한 병력으로 그 빈틈을 치기 때문이다.

三軍之衆, 可使必受敵而無敗者, 奇正是也; 兵之所加,
삼 군 지 중 가 사 필 수 적 이 무 패 자 기 정 시 야 병 지 소 가
如以碫投卵者, 虛實是也.
여 이 하 투 란 자 허 실 시 야

용병에는 기묘한 계책奇計를 쓰지 않고 정면으로 적군과 싸우는 정공법과, 유도 작전과 복병으로 적의 측면이나 배후를 기습하는 기공법이 있습니다. 그러나 이 두 전법은 어떤 고정된 틀에 매여 있는 게 아니라 임기응변하는 것입니다. 그러므로 상황에 따라 정正이 기奇가 될 수 있고, 반대로 기가 정으로 변할 수 있습니다. 유능한 장수는 이를 종횡으로 구사해 적을 궁지에 몰아넣은 후 타격을 가합니다.

# 정공법으로 싸우고 기공법으로 이겨라

무릇 전쟁은 정공법으로 싸우고 기공법으로써 이기는 것이다.

그러므로 기공법에 능한 이는 그 변화의 무궁하기가 하늘과 땅과 같고, 마르지 않기가 강물과 같다. 마쳤는가 하면 다시 시작됨은 해와 달이 뜨고 지는 것과 같고, 죽었다가 다시 살아남은 네 계절의 순환과도 같은 것이다.

음계는 다섯 가지에 지나지 않지만 그 변화는 이루 다 들을 수가 없고, 색채는 다섯 가지에 지나지 않지만 그 변화는 이루 다 볼 수가 없다. 또한 맛은 다섯 가지에 지나지 않지만 그 변화는 이루 다 맛볼 수 없는 것이다.

이와 마찬가지로 전쟁의 형세도 기공법과 정공법에 지나지 않지만, 그 변화하는 전술은 이루 다 헤아릴 수 없을 만큼 무궁무진하다.

기奇와 정正이 서로 낳게 함은 순환하여 끝이 없으니, 누가 그 궁극을 헤아릴 수 있겠는가?

凡戰者, 以正合, 以奇勝.
범전자 이정합 이기승

故善出奇者, 無窮如天地, 不竭如江河. 終而復始, 日月是也.
고선출기자 무궁여천지 불갈여강하 종이부시 일월시야

死而更生, 四時是也.
사이부생 사시시야

聲不過五, 五聲之變, 不可勝聽也. 色不過五, 五色之變,
성불과오 오성지변 불가승청야 색불과오 오색지변

不可勝觀也. 味不過五, 五味之變, 不可勝嘗也.
불가승관야 미불과오 오미지변 불가승상야

戰勢不過奇正, 奇正之變, 不可勝窮也.
전세불과기정 기정지변 불가승궁야

奇正相生, 如循環之無端, 孰能窮之哉?
기정상생 여순환지무단 숙능궁지재

음악의 기초가 되는 음계는 다섯 가지에 지나지 않고, 색깔과 맛을 이루고 있는 요소들도 다섯 가지에 불과하지만 그 변화와 다양성이 무궁무진한 것과 마찬가지로, 전쟁에 뛰어난 사람은 적의 허실에 따라 정공법과 기공법을 자유자재로 구사합니다.

이처럼 변화무쌍한 전술에는 아무리 강한 적군도 효과적인 대응을 할 수 없지요.

## 공격은 맹렬한 기세로 신속하게

거센 물결이 빠르게 흘러 바위를 떠내려가게 하는 것이 '기세'이며, 사나운 새가 빠르게 날아와 짐승을 채가는 것이 '절도'이다. 모름지기 전쟁을 잘하는 이는 그 기세가 험하고 절도는 극히 짧다. 기세는 활시위를 팽팽하게 당긴 것과 같고, 절도는 화살이 발사되는 것과 같다.

激水之疾, 至於漂石者, 勢也; 鷙鳥之疾, 至於毁折者, 節也.
격수지질 지어표석자 세야 지조지질 지어훼절자 절야

是故善戰者, 其勢險, 其節短. 勢如擴弩, 節如發機.
시고선전자 기세험 기절단 세여확노 절여발기

**해설**

격류가 커다란 바위를 밀어 떠내려가게 하는 것은 끊임없고 망설임 없이 수세를 이어가는 힘의 집중 때문입니다. 또 창공을 날던 독수리가 먹이를 순식간에 낚아채 갈 수 있는 것은 순간적인 기회를 잘 잡기 때문입니다. 이처럼 이상적인 공격 방법은 일단 공세로 나오면 멈출 줄 모르는 격류처럼 맹렬한 기세로 신속하게 하는 것입니다.

# 혼란 속에서도 대형을 유지하라

깃발이 어지럽게 휘날리고, 서로 뒤얽혀 싸우는 전투 속에서도 혼란에 빠져서는 안 되고, 혼란스러운 상태에 빠져도 대형을 둥글게 배치하면 패배하지 않는다.

紛紛紜紜, 鬪亂而不可亂也. 渾渾沌沌, 形圓而不可敗也.
분 분 운 운 투 란 이 불 가 란 야 혼 혼 돈 돈 형 원 이 불 가 패 야

해설

접전이 벌어지면 군사들을 통제하지 못할 염려가 있습니다. 평소에 정확하게 짜인 대형도 난전이 되면 적군과 아군이 뒤섞여 한 덩어리가 됩니다. 그러나 그러한 혼돈 속이라도 상호 교감하여 법칙과 질서를 유지시켜야 합니다.

# 혼란과 비겁, 나약함을 좌우하는 것

혼란은 다스려지는 데서 비롯되고, 비겁은 용기에서 나오며, 나약함은 강함에서 생기는 것이다. 다스림과 혼란은 군대의 편성에 달렸고, 용기와 비겁함은 군대의 기세에 따르며, 강함과 나약함은 군대의 태세와 배치에 의해 좌우된다

亂生於治, 怯生於勇, 弱生於强. 治亂, 數也; 勇怯, 勢也;
난생어치 겁생어용 약생어강 치란 수야 용겁 세야
强弱, 形也.
강약 형야

해설

군대란 잘 통제되다가도 혼란에 빠지고, 용사가 겁쟁이로 변하기도 하고, 강했던 무리가 나약해지기도 합니다. 군대의 편성과 기세, 배치 등에 차질이 생길 경우에 그러합니다.

전진前秦의 임금 부견苻堅이 천하통일의 야망을 품고 비수淝水에서 동진군과 싸워 크게 패한 것도 그런 예에 해당될 것입니다.

저족氐族 출신인 부견은 87만 명의 대군을 이끌고 동진으로 향하였습니다. 양자강 이남을 정복하기 위해서였습니다. 전진군은 회수淮水를 건너 비수에 이르렀습니다.

당시 동진은 사안謝安이 대도독으로 실권을 쥐고 있었습니다. 사안은 동생 사석謝石과 조카 사현謝玄에게 전투의 지휘권을 맡겼습니다. 비수 건너편에서 전진군과 대치한 동진군은 그 병력이 8만 명에 지나지 않았으나 나라를 지키겠다는 결의에 차 있었습니다.

한편 부견은 언덕 위에 올라 동진군의 동태를 살폈습니다. 적군의 진용이 엄정함에 위압감을 느낀 부견은 주서朱序란 인물을 사자로 파견하여 동진군에게 항복을 권하기로 했습니다.

주서는 한족 출신으로 오랑캐 출신인 부견에 대해 적개심을 품고 있었습니다. 그는 동진군 진영에 가서 이렇게 말하였습니다.

"전진군은 어마어마한 대군이라 이들이 집결하기 전에 그 선봉을 무찔러야 이길 수 있습니다."

이에 동진군의 지휘관 사현은 사자를 보내 이런 말을 전하게 합니다.

"전진군이 비수 언덕에 너무 많이 집결해 있다. 조금만 물러서 준다면 우리가 강을 건너 승부를 가리겠다."

부견은 적군이 강을 반쯤 건널 때 곧 강력한 기병대로 쳐부수겠다고 생각했습니다. 그래서 그는 군사들에게 일단 후퇴하라고 명합니다.

그러나 워낙 대군의 이동이라 이때 큰 혼란이 일어났습니다. 뒤쪽에 있는 군사들이 앞쪽에 있는 군사들의 후퇴하는 모습을 보자 싸움에 패한 줄 알고 달아나기 시작한 것입니다.

동진군이 이 기회를 놓칠 리 없었지요. 이들은 강을 건너자마자 추격전을 감행하여 전진군을 크게 무찌릅니다. 수많은 군사가 변변히 싸워

보지도 못한 채 죽었고, 부견도 부상을 당한 채 간신히 도주하였습니다.

살아남은 전진의 군사들도 밤을 새워 달아났습니다. 이리하여 87만의 대군 중 8할 정도가 죽었고, 부견도 장안으로 돌아온 후 스스로 목숨을 끊었습니다.

# 이로움으로 적을 끌어내 기습하라

그러므로 유능한 장수는 적이 움직일 만한 형세를 만들어 내어 적으로 하여금 그를 따르게 하고, 이로운 조건을 주어 적으로 하여금 취하도록 한다. 이로움으로써 적을 끌어내어 기습의 순간을 기다리는 것이다.

故善動敵者, 形之, 敵必從之; 予之, 敵必取之. 以利動之,
고 선 동 적 자 형 지 적 필 종 지 여 지 적 필 취 지 이 리 동 지

以卒待之.
이 졸 대 지

해설

고구려 제2대 유리왕 당시, 요하 부근에서 선비족과 충돌이 잦았습니다. 이에 유리왕이 이들을 정벌할 것을 의논하였습니다.

"선비족이 우리와 우호 관계를 맺지 않고 노략질을 일삼아 백성의 근심이 되고 있소. 이들을 꺾을 묘책이 없겠소?"

이때 지략이 뛰어난 부분노가 나와 말했습니다.

"선비족은 험한 지형에 의지한 족속으로 사납고 또한 무지하니 이들은 계교로써 정복해야 합니다."

“어떤 계교를 쓰는 게 좋겠소?”

부분노가 대답했습니다.

“거짓으로 나라를 배반한 사람을 보내어 고구려는 나라가 작고 군사력도 보잘것없어 오래 지탱하지 못할 거라고 말하면 선비족은 우리에 대한 방비를 소홀히 할 것입니다. 신이 그 기회를 놓치지 않고 군사를 거느리고 지름길로 나아가 진을 칩니다.

그리고 별도로 약한 군사를 보내어 성의 남쪽에 진을 치고 싸우다 짐짓 패하여 달아나는 척하면 적은 반드시 멀리 추격해 올 것입니다. 이 틈에 신이 군사를 거느리고 빈 성을 공격하고, 대왕께서 몸소 기병을 이끌고 양쪽에서 적을 친다면 크게 무찌를 수 있습니다.”

유리왕이 그렇게 하도록 허락했습니다.

과연 고구려 군사가 접근하자 선비족은 성문을 열고 추격해 왔습니다. 이때 부분노가 빈 성 안으로 쳐들어가자, 선비족은 계략에 말려든 것을 알고 돌아왔으나 부분노는 이들을 막아내며 크게 무찔렀습니다.

유리왕도 이 틈에 기병을 이끌고 쳐들어가니 선비족은 앞뒤로 공격을 당해 마침내 항복하였습니다.

# 전쟁은 기세다

따라서 전쟁에 능한 이는 승리를 세勢에서 찾고, 개인에게 책임을 묻지 않는다. 그러므로 인재를 잘 발탁하여 적재적소에 쓰고, 세에 승리를 맡기는 것이다.

세에 맡긴다 함은 군사들을 싸우게 함에 있어 마치 나무나 바위를 굴리듯이 하는 것이니, 나무나 바위는 평탄한 곳에서는 움직이지 않지만 비탈진 곳에서는 굴러가는 법이며, 모난 것은 멈추고, 둥근 것은 구르게 마련이다.

그러므로 전쟁에 능한 이는 마치 둥근 바위를 천 길 낭떠러지에 굴리는 것과 같이 세를 만들어 내는 것이다.

故善戰者, 求之於勢, 不責於人, 故能擇人而任勢.
고 선 전 자 구 지 어 세 불 책 어 인 고 능 택 인 이 임 세

任勢者, 其戰人也, 如轉木石. 木石之性, 安則靜, 危則動,
임 세 자 기 전 인 야 여 전 목 석 목 석 지 성 안 즉 정 위 즉 동

方則止, 圓則行.
방 즉 지 원 즉 행

故善戰人之勢, 如轉圓石於千仞之山者, 勢也.
고 선 전 인 지 세 여 전 원 석 어 천 인 지 산 자 세 야

형세로 몰아가 전쟁에서 승리를 쟁취하고 일개 군사들에게 패전의 책임을 돌리지 말라는 것인데, 기세를 타야만 군사들을 휘몰 수 있기 때문입니다.

바위가 낭떠러지에서 한번 굴러가면 그 기세를 막기 힘든 것처럼 세찬 기세야말로 지휘력의 핵심입니다. 손무는 장수의 유연한 대처 여부가 기세를 만드는 여부와 연관된다고 보았습니다.

앞서 〈군형〉 편에서 '천리 길이나 되는 높은 계곡에 막아 둔 물을 한번에 터뜨려 쏟아지게 하는 것'과 같은 것이 바로 '형'이라고 하였는데, 둥근 바위가 천 길 높이에서 굴러 내려오는 것도 같은 이치입니다.

손무는 기세를 만드는 데 있어서 장수가 치밀한 전략을 세우고 철저하게 준비하는 것이 개별 군사들의 자발성보다 우위에 있다고 본 것입니다.

제 6 편

# 허실虛實
# 상대의 틈을 노려라

〈허실虛實〉 편은 아군과 적군의 약점과 강점을
적절하게 운용하는 방법에 대한 내용으로,
《손자병법》의 가장 핵심적인 실전 전략을 담고 있다 해도 과언이 아닙니다.
순무는 적에게 '실實'이 있으면 반드시 '허虛'도 있다고 하였습니다.
적이 어떠한 전략으로 어떻게 배치하든 필연적으로 드러나는 약점은
있게 마련이며, 그 '허'를 찔러야 한다고 강조하였습니다.

빅데이터 시대에 10대가 꼭 알아야 할

손자병법

# 끌어들이거나, 끌려다니거나

손자가 말하였다.

무릇 먼저 전쟁터에 터를 잡고 적을 기다리는 군대는 여유가 있고, 늦게 전쟁터에 터를 잡고 바로 전투에 달려가는 군대는 피로하다. 그러므로 전쟁을 잘하는 이는 적을 끌어들이지, 적에게 끌려다니지 않는다.

孫子曰: 凡先處戰地而待敵者佚, 後處戰地而趨戰者勞.
손 자 왈 범 선 처 전 지 이 대 적 자 일 후 처 전 지 이 추 전 자 노

故善戰者, 致人而不致於人.
고 선 전 자 치 인 이 불 치 어 인

해설

아군이 장악해야 할 요충지에 적보다 먼저 도달해 점령하거나, 방어 진지나 매복 지역을 손에 넣고 기다리면 부대의 정돈과 휴식, 지형 정찰, 진지 구축, 위장과 출격 태세의 완비 등에 있어 적보다 시간과 힘의 여유를 더 얻을 수 있다는 뜻입니다. 이것은 전쟁터에서 주도권을 장악하고, 적을 아군에게 유리한 상태로 만드는 중요한 원칙 중의 하나입니다.

# 적을 유인하라

적으로 하여금 스스로 나오게 하려면 이로움이 있을 듯 보여야 하고, 적으로 하여금 나오지 못하게 하려면 해로움이 있을 듯 보여야 한다.

따라서 적군이 편안하면 수고롭게 만들고, 배부르면 굶주리게 하며, 안정되면 동요하도록 해야 한다. 적이 반드시 달려갈 곳으로 나아가고, 적이 생각지 못한 곳으로 쳐들어간다.

能使敵人自至者, 利之也; 能使敵人不得至者, 害之也.
능 사 적 인 자 지 자　이 지 야　능 사 적 인 부 득 지 자　해 지 야

故敵佚能勞之, 飽能飢之, 安能動之. 出其所必趨, 趨其所不意.
고 적 일 능 로 지　포 능 기 지　안 능 동 지　출 기 소 필 추　추 기 소 불 의

이목李牧은 조나라 북쪽 국경을 잘 지킨 뛰어난 장수입니다. 일찍이 안문에 주둔하며 흉노와 대치하였는데, 그는 자신의 재량으로 관리를 임명하고 상인들에게 세금을 거두어 군사비에 썼습니다.

자주 소를 잡아 군사들을 먹였고, 활쏘기와 말타기 훈련을 시켰습니다. 적이 침입하면 봉화를 올리게 하고, 첩자들을 여러 곳에 풀어놓아

정보를 수집하게 하며, 군사들을 후하게 대접했습니다.

그는 흉노가 쳐들어오면 봉화를 올려 백성들과 가축을 성 안으로 피하게 할 뿐, 성 밖으로 나가 오랑캐와 싸우려 하지 않았습니다. 그리하여 몇 해가 지나도 백성과 군사들은 피해를 입지 않았으나, 흉노와 조나라 군사들은 그를 단순히 겁쟁이로만 생각했습니다.

조나라 임금은 이목을 책망했으나 그는 결코 자신의 방책을 바꾸지 않았습니다. 이에 임금은 그를 해임하고 다른 사람을 장수로 삼았는데, 그 후 1년 동안 흉노가 쳐들어올 때마다 조나라 군사는 싸웠고, 싸움에 질 때마다 큰 손실을 입었습니다. 관내의 백성들도 농사와 목축 일을 할 수 없게 되었지요.

조정에서는 다시 이목을 임용하려고 했으나 그는 병을 핑계 삼아 이를 사양했습니다. 이에 조나라 임금이 억지로 장군직을 맡기자 그는 이렇게 말했습니다.

"대왕께서 굳이 소신을 쓰실 의향이시면 소신이 그전에 내린 방책을 그대로 쓰도록 윤허해 주십시오."

임금은 그의 청을 허락했습니다. 이목은 임지에 이르자 다시 옛날과 같은 방책을 시행하였습니다. 그래서 흉노는 여전히 그를 비겁한 자로만 알고 있었습니다. 변경의 군사들은 날마다 잘 먹고 편하게 지내게 되자 한번 흉노와 싸우기를 원했습니다.

이에 이목은 튼튼한 전차 1천 3백 대, 좋은 말 1만 3천 필을 모았습니다. 그리고 군사 5만 명과 활쏘기에 능한 군사 10만 명을 모아 강도 높은 훈련을 시켰습니다. 또한 이목은 많은 가축을 방목하고, 들판이 백성들로 가득 차게 했습니다. 그때 마침 흉노가 쳐들어왔고, 이목은 백성들과 가축을 남겨 둔 채 거짓으로 패하여 달아났습니다.

흉노의 임금이 이 소식을 듣고 전 병력을 이끌고 쳐들어오자, 이목은 좌우로 날개처럼 펼친 진으로 이들을 쳐서 크게 무찔렀습니다. 이 싸움에서 그는 10여 만 명의 흉노 기병을 죽이고, 여세를 몰아 여러 오랑캐 부족들을 정복하였습니다.

그 후 10여 년 동안 흉노는 조나라의 변경에 얼씬거리지 못했다고 합니다.

# 수비하고 공격할 곳을 모르게 하라

천리 길을 행군하고도 피로하지 않은 것은 적이 없는 곳을 가기 때문이다. 공격하면 반드시 빼앗을 수 있는 것은 적이 지키지 않는 곳을 공격하기 때문이다. 수비가 견고한 것은 적이 공격할 수 없는 곳을 지키기 때문이다.

따라서 공격에 능한 이는 적이 수비할 곳을 모르게 하고, 수비에 능한 이는 적이 공격할 곳을 모르게 한다. 은밀하고 은밀하여 형태가 없는 경지에 이르며, 신비하고 신비하여 소리가 없는 경지에 이른다. 그러므로 능히 적의 목숨을 마음대로 다룰 수 있는 것이다.

行千里而不勞者, 行於無人之地也. 攻而必取者, 攻其所不守也.
행천리이불로자 행어무인지지야 공이필취자 공기소불수야

守而必固者, 守其所不攻也.
수이필고자 수기소불공야

故善攻者, 敵不知其所守. 善守者, 敵不知其所攻. 微乎微乎,
고선공자 적부지기소수 선수자 적부지기소공 미호미호

至於無形, 神乎神乎, 至於無聲, 故能爲敵之司命.
지어무형 신호신호 지어무성 고능위적지사명

이상적인 공격은 적으로 하여금 어디를 어떻게 지켜야 할지 판단할 수 없게 하는 것이고, 이상적인 수비는 적이 어디를 어떻게 공격하면 좋을지 실로 미묘해져 계획을 세울 수 없게 하는 것입니다. 이로써 갈팡질팡하게 만드니, 마치 형태가 없고 소리가 없는 것을 잡으려는 것과 같습니다.

이쪽의 진격을 눈치채더라도 상대의 허점을 불시에 찌르는 것이므로 응수할 수가 없게 됩니다.

# 진격은 일시에, 후퇴도 신속하게

진격해도 적이 막을 수 없는 것은 그 허점을 찌르기 때문이요, 후퇴해도 추격할 수 없는 것은 재빨리 달아나 따라잡을 수 없기 때문이다.

進而不可禦者, 衝其虛也; 退而不可追者, 速而不可及也.
진 이 불 가 어 자 충 기 허 야 퇴 이 불 가 추 자 속 이 불 가 급 야

**해설**

공격할 때는 일시에 무섭게 몰려오는 폭풍처럼 하여 상대의 허를 찔러야 합니다. 상대에게 응수할 시간을 주는 것은 태세 정비의 여유를 주는 것이므로 상대의 허를 허가 아니게 만듭니다.

후퇴할 때 또한 최소의 피해를 생각해 신속하게 해야 합니다.

# 응할 수밖에 없게 만들어라

그러므로 내가 전쟁을 하고자 하면 적이 비록 높은 성루와 깊은 도랑을 만든다고 하여도 부득이 나와서 싸울 수밖에 없는 것은 적이 반드시 구해야만 하는 곳을 공격하기 때문이다.

내가 싸우고자 하지 않으면 비록 땅 위에 선을 그어 놓고 지키고 있다 할지라도 적이 공격해 오지 못하는 것은 그들이 공격할 방향을 어그러뜨렸기 때문이다.

故我欲戰, 敵雖高壘深溝, 不得不與我戰者, 攻其所必救也;
고 아 욕 전 적 수 고 루 심 구 부 득 불 여 아 전 자 공 기 소 필 구 야
我不欲戰, 雖劃地而守之, 敵不得與我戰者, 乖其所之也.
아 불 욕 전 수 획 지 이 수 지 적 부 득 여 아 전 자 괴 기 소 지 야

아군이 싸우고자 하면 적이 아무리 깊숙이 들어가 수비만 한다 해도, 결국 나와서 싸울 수밖에 없게 만들어야 합니다. 바로 적이 반드시 지켜야 할 곳을 공격하는 것입니다. 반대로 전투를 피하고자 하면 별다른 수비 태세를 갖추지 않아도 공격하지 못하게 만들어야 합니다. 적의 공격 목표를 다른 곳으로 바꾸도록 유도하는 것이지요.

# 먼저 적을 분산시켜라

그러므로 적의 배치를 드러나게 하고 아군의 배치는 드러내지 않으면, 아군은 집중할 수 있고 적은 분산된다. 아군은 모여서 하나가 되고, 적은 흩어져서 열로 나뉘면 이는 곧 열 명이 한 명을 공격하는 것이 된다. 말하자면 아군은 많고 적은 그 수가 적은 셈이다. 이렇게 많은 병력으로 적은 병력을 공격하게 되면 아군은 그만큼 상대하기가 쉬워지는 것이다.

아군이 공격할 곳을 적이 알지 못하게 해야 하니, 적이 알지 못하면 그들은 지켜야 할 데가 많아진다. 지켜야 할 데가 많아지면 아군과 싸울 사람이 적어지는 셈이다.

따라서 앞면을 지키면 뒷면의 병력이 적어지고, 뒷면을 지키면 앞면의 병력이 적어지며, 왼쪽을 지키면 오른쪽의 병력이 적어지고, 오른쪽을 지키면 왼쪽의 병력이 적어진다. 모든 곳을 다 수비하게 되면 결국 모두 약해지는 것이다.

병력이 적어지는 것은 적을 막으려고만 하기 때문이요, 병력이 많아지는 것은 적이 아군에 대한 수비에만 매달리게 만들기 때문이다.

故形人而我無形, 則我專而敵分; 我專爲一, 敵分爲十,
고 형 인 이 아 무 형 즉 아 전 이 적 분 아 전 위 일 적 분 위 십

是以十攻其一也, 則我衆而敵寡; 能以衆擊寡者,
시 이 십 공 기 일 야 즉 아 중 이 적 과 능 이 중 격 과 자

則吾之所與戰者, 約矣.
즉 오 지 소 여 전 자 약 의

吾所與戰之地, 不可知; 不可知, 則敵所備者多,
오 소 여 전 지 지 불 가 지 불 가 지 즉 적 소 비 자 다

敵所備者多, 則吾之所戰者, 寡矣.
적 소 비 자 다 즉 오 지 소 전 자 과 의

故備前則後寡, 備後則前寡, 備左則右寡, 備右則左寡,
고 비 전 즉 후 과 비 후 즉 전 과 비 좌 즉 우 과 비 우 즉 좌 과

無所不備, 則無所不寡. 寡者備人者也, 衆者使人備己者也.
무 소 불 비 즉 무 소 불 과 과 자 비 인 자 야 중 자 사 인 비 기 자 야

**해설**

이 장에서 손무는 아군의 집중된 병력으로 적군의 분산된 병력을 공격해야 함을 역설하고 있습니다.

그러기 위해서는 아군의 태세를 드러내지 말고, 또한 어디를 노리고 있는지를 적이 눈치채지 못하게 해야 합니다. 그러면 적은 여러 곳을 모두 수비하기 위해 병력을 분산시킬 수밖에 없고, 아군은 분산된 적을 상대로 자신의 집중된 힘을 투입할 수 있게 됩니다.

우세한 병력으로 약화된 적을 치게 되면 전자가 승리할 것은 자명한 일이겠지요.

## 싸울 곳과 때를 정확히 파악하라

그러므로 전쟁할 곳을 알고, 전쟁할 날짜를 알면 천 리를 행군해서도 전쟁을 할 수 있지만, 전쟁할 곳을 알지 못하고 전쟁할 날짜를 알지 못하면 좌측이 우측을 구할 수 없고, 우측이 좌측을 구할 수 없으며, 전방이 후방을 구할 수 없고, 후방이 전방을 구할 수 없다. 하물며 먼 곳은 수십 리, 가까운 곳도 몇 리나 떨어져 있는 경우는 말해 무엇하겠는가.

내가 헤아려 보건대, 월나라의 병력이 비록 많다고는 하지만 어찌 이것으로 승패가 결정되겠는가? 그러므로 승리란 만들어지는 것이니 적이 비록 많을지라도 적으로 하여금 전투를 할 수 없게 만들면 되는 것이다.

故知戰之地, 知戰之日, 則可千里而會戰. 不知戰地, 不知戰日,
고지전지지 지전지일 즉가천리이회전 부지전지 부지전일

則左不能救右, 右不能救左, 前不能救後, 後不能救前,
즉좌불능구우 우불능구좌 전불능구후 후불능구전

而況遠者數十里, 近者數里乎? 以吾度之, 越人之兵雖多,
이황원자수십리 근자수리호 이오탁지 월인지병수다

亦奚益於勝敗哉? 故曰: 勝可爲也. 敵雖衆, 可使無鬪.
역해익어승패재 고왈 승가위야 적수중 가사무투

해설

적의 움직임과 허실을 살펴 싸울 장소와 그 시기를 알고 있다면 이는 곧 전쟁의 주도권을 장악한 것이나 다름없습니다. 그러나 상대방의 그것을 파악하지 못하는 자는 늘 수동적인 위치에 놓이게 됩니다.

따라서 군사가 아무리 많다 해도 상대방의 술수에 말려들면 전후좌우로 이를 분산시킬 뿐 집중된 힘을 떨칠 수 없을 것입니다. 이렇게 약화된 적을 상대로 집중된 병력을 투입해 공격한다면 크게 무찌를 수 있습니다.

승리란 결국 지혜로운 이에 의해 만들어지는 것입니다.

# 전투에 임하기 전 파악해야 할 4가지

그러므로 적의 사정을 살펴 작전에 이롭고 불리함을 판단하고, 적을 자극해 그 움직임의 유형을 알고 적의 대비 태세를 드러내게 한다. 적의 진지가 죽을 땅인지, 살 땅인지를 확실히 살피고, 적과 겨루어 보아 그 병력의 우세하고 약한 곳을 파악해야 한다.

故策之而知得失之計, 作之而知動靜之理, 形之而知死生之地,
고 책 지 이 지 득 실 지 계 작 지 이 지 동 정 지 리 형 지 이 지 사 생 지 지
角之而知有餘不足之處.
각 지 이 지 유 여 부 족 지 처

해설

싸움에 임하기 전 장수가 파악해야 할 사항에 대해 언급하고 있습니다. 첫째, 전투로 인한 아군의 이익과 손해를 계산해 보아야 합니다. 둘째, 적을 자극하여 그 대비 태세의 유형을 파악해야 합니다. 셋째, 적진에 쳐들어갈 경우 그 지형이 아군에게 유리하고 분리한지를 살피고, 넷째, 탐색전으로 적의 병력 배치의 약점과 장점을 살펴야 합니다. 이 4가지에 대한 정보 수집과 합리적 분석은 승리에 이르는 지름길이 됩니다.

# 형세는 드러나지 않아야 한다

그러므로 군형軍形의 극치는 그 형태가 눈에 띄지 않는 데 있다. 그 형태가 눈에 띄지 않으면 깊이 스며든 첩자도 엿볼 수 없고, 아무리 지혜로운 적장이라 하더라도 능히 계략을 세우지 못할 것이다.

여러 사람은 그 무형無形으로 인한 승리를 보고도 그 내용을 알지는 못한다. 다시 말하자면 군사들은 아군이 승리할 때의 전투태세는 알고 있으나, 어떤 계략으로 이길 수 있었는지는 이해하지 못하는 것이다.

따라서 한 번 싸움에 이긴 방법은 두 번 되풀이해서는 안 되고, 상황에 따라 대응하는 계략과 전술은 무궁무진해야 한다.

故形兵之極, 至於無形; 無形則深間不能窺, 智者不能謀.
고형병지극 지어무형 무형즉심간불능규 지자불능모

因形而措勝於衆, 衆不能知; 人皆知我所以勝之形,
인형이조승어중 중불능지 인개지아소이승지형

而莫知吾所以制勝之形. 故其戰勝不復, 而應形於無窮.
이막지오소이제승지형 고기전승불부 이응형어무궁

전쟁에서는 진형이라고 보이는 뚜렷한 것을 만들지 말아야 합니다. 어느 것이라도 짐작할 수 없도록 언제, 어느 때든 달리하여 싸울 수 있어야 합니다.

아무리 은밀하게 탐색해도 실체를 잡을 수 없고, 실체가 일정하지 않으므로 제아무리 지모가 뛰어난 명장이라도 그 정체를 추측하기가 어렵습니다. 또한 같은 진형은 반복해서는 안 되고, 때에 따라 무한하게 생겨나야 합니다.

# 물처럼 유연하게

군대의 태세는 물과 같아야 하니 물의 형세는 높은 곳을 피하고 낮은 곳으로 흐르며, 군대의 태세는 견고한 데를 피하고 빈틈을 치는 것이다. 물은 지형에 의해 흐름이 정하여지고, 전쟁은 적으로 말미암아 승리가 결정된다.

그러므로 전쟁에는 고정된 형세가 없고, 물에도 일정한 형상이 없다. 적의 태세에 따라 변화함으로써 승리를 거두는 것을 일러 신묘하다고 한다.

따라서 오행에는 항상 이기는 것이 없고, 네 계절도 돌고 도는 것이다. 또한 하루해에도 짧고 긴 날이 있고 달도 차고 기우는 것이다.

夫兵形象水, 水之形, 避高而趨下, 兵之形, 避實而擊虛,
부병형상수 수지형 피고이추하 병지형 피실이격허

水因地而制流, 兵因敵而制勝.
수인지이제류 병인적이제승

故兵無常勢, 水無常形, 能因敵變化而取勝者, 謂之神.
고병무상세 수무상형 능인적변화이취승자 위지신

故五行無常勝, 四時無常位, 日有短長, 月有死生.
고오행무상승 사시무상위 일유단장 월유사생

물에 일정한 형상이 없듯 군대의 태세에도 정해져 있는 일정한 상태라는 것이 있을 수 없습니다.

우주 간의 오행은 항상 변화해 가고 1년 4계절의 기후도 그때그때 변화해 가는 것으로 일정한 상태라는 것이 없습니다. 해도 계절에 따라 길어졌다 짧아졌다 하고, 달도 둥글게 찰 때가 있고 기울 때가 있어서 하루하루 그 모습을 바꾸지요.

물이 모양과 흐름을 바꾸듯 다양한 전술로 응전하는 것, 이것이 진정으로 전쟁을 아는 장수의 모습이라 할 수 있습니다.

제7편

# 군쟁軍爭
# 먼 길을 돌아가면서도 골바로 가는 것처럼

'군쟁軍爭'이란 어떻게 상대방보다 먼저 승리를 결정짓는 조건을 쟁취하고 유리한 위치를 선점하느냐 하는 것입니다. 앞의 여섯 편이 전쟁에서 승리하기 위한 병법론이라면, 〈군쟁〉부터 13편 〈용간用間〉까지는 실제적인 응용 편에 해당한다고 할 수 있습니다.

빅데이터 시대에 10대가 꼭 알아야 할

손자병법

# 불리한 조건을 유리하게 바꾸는 전략이 필요하다

손자가 말하였다.

대체로 용병의 원칙은 장수가 군주로부터 명을 받고, 군사를 징집하여 군대를 편성해 출전하여 적과 대치하는 것인데, 군쟁보다 어려운 것이 없다.

군쟁이 어려운 것은 먼 길로 돌아가면서도 곧바로 가는 것처럼 하고, 전쟁에 불리한 조건을 유리하게 바꿔야 하기 때문이다. 그러므로 그 길을 돌아서 가는 것처럼 하여 적에게 유리한 듯 유인하면 나중에 출발한 군대가 먼저 도착하는 것이니, 이를 '먼 길로 돌아가면서도 곧바로 가는 것처럼' 하는 계책을 안다고 하는 것이다.

孫子曰: 凡用兵之法, 將受命於君, 合軍聚衆, 交和而舍,
손자왈 범용병지법 장수명어군 합군취중 교화이사

莫難於軍爭.
막난어군쟁

軍爭之難者, 以迂爲直, 以患爲利. 故迂其途, 而誘之以利,
군쟁지난자 이우위직 이환위리 고우기도 이유지이리

後人發, 先人至, 此知迂直之計者也.
후인발 선인지 차지우직지계자야

## 해설

장수가 군주의 명을 받아 군대를 출동시킬 때 우회의 전략을 구사하는 것은 바로 적이 예상하는 진격로를 벗어나기 위한 계책입니다. 즉 아군의 기동機動을 눈치채지 못하게 하여 나중에 출발해도 먼저 도착한다는 원리이니, 이것이 바로 우직지계迂直之計입니다.

먼 길로 돌아가면서도 곧바로 가는 것처럼 하고, 전쟁에 불리한 조건을 유리하게 바꾸는 일은 결코 실행하기 쉽지 않은 방법으로, 상대가 예측하지 못하는 방향으로 상황이나 지형을 이끌어 아군에게 유리한 국면으로 바꾸는 전략입니다.

# 급한 전투는 삼가라

그러므로 군쟁은 유리한 것이 되기도 하고, 위험한 것이 되기도 한다.

전군을 출동시켜 이로움을 다투면 기동력이 둔화되어 일찍 목적지에 이르지 못하게 되며, 일부의 군사를 남겨 두고 싸우고자 하면 싸움터로 가는 군수물자를 버려야 하는 것이다.

갑옷과 투구를 벗어던지고 길을 달려 밤낮으로 쉬지 않고 두 배의 속도로 행군해 모든 부대가 100리에 걸쳐 이로움을 다투면 삼장군이 사로잡히게 된다.

강한 자는 먼저 가고 피로한 자는 뒤처지게 되니, 이런 방법으로는 병력의 10분의 1만 전쟁터에 도착하게 된다. 50리에 걸쳐 이로움을 다투면 상장군을 잃게 되고, 이런 방법으로는 병력의 절반만이 도착하게 된다.

30리에 걸쳐 이로움을 다투면 병력의 3분의 2만 도착하게 된다. 이 때문에 군대는 장비가 없어 패망하고 양식이 없어서 패망하며 남겨 쌓아 둔 물자가 없어서 패망하게 된다.

故軍爭爲利, 衆爭爲危.
고 군 쟁 위 리 군 쟁 위 위

擧軍而爭利, 則不及; 委軍而爭利, 則輜重捐.
거 군 이 쟁 리 즉 불 급 위 군 이 쟁 리 즉 치 중 손

是故捲甲而趨, 日夜不處, 倍道兼行, 百里而爭利,
시 고 권 갑 이 추 일 야 불 처 배 도 겸 행 백 리 이 쟁 리

則擒三將軍, 勁者先, 疲者後, 其法十一而至; 五十里而爭利,
즉 금 삼 장 군 경 자 선 파 자 후 기 법 십 일 이 지 오 십 리 이 쟁 리

則蹶上將軍, 其法半至; 三十里而爭利, 則三分之二至.
즉 궐 상 장 군 기 법 반 지 삼 십 리 이 쟁 리 즉 삼 분 지 이 지

是故軍無輜重則亡, 無糧食則亡, 無委積則亡.
시 고 군 무 치 중 즉 망 무 량 식 즉 망 무 위 적 즉 망

해설

영양왕 23년, 수나라의 양제는 113만 3천여 명의 병력으로 고구려 정벌에 나섰습니다.

우문술과 우중문이 이끄는 별동대 30만 5천 명은 노하와 회원에서 떠날 때 1인당 100일 분의 식량과 말먹이를 지급받았습니다. 그러나 군사들은 이 무거운 짐을 짊어지고 갈 도리가 없어 상당한 양의 식량을 천막 아래에 묻어 버립니다. 그 결과 원정 도중에 식량이 모자라 굶주리게 되었습니다.

우문술은 식량이 바닥나 돌아가고자 했으나 우중문이 반대했습니다.

"우리가 대군을 거느리고도 하찮은 적을 무찌르지 못하면 무슨 낯으로 천자를 뵙겠소?"

이들의 군대는 압록강을 건너 고구려 군사들을 추격했습니다.

을지문덕은 적군이 굶주리고 있음을 알고 이들을 더욱 지치게 하기

위해 싸울 때마다 일부러 지는 체하며 달아났습니다.

수나라 군사들은 하루에 일곱 번 싸워 일곱 번을 다 이기자 이미 고구려를 정복한 것으로 믿었습니다. 그들은 살수를 건너 평양성 30리 밖에 이르러 진을 쳤습니다.

이때 을지문덕이 우중문에게 조롱하는 시를 지어 보냈습니다.

"싸움마다 이겨 이미 큰 공을 세웠으니, 흡족한 마음으로 그만 돌아가시지요."

우중문이 답장을 보내어 항복하기를 종용하자, 을지문덕은 사자를 보내어 이 말을 전합니다.

"군사를 돌린다면 우리 임금을 모시고 알현하겠소."

우문술은 군사들이 굶주리고 지쳐 더 이상 싸울 수도 없고, 또한 평양성이 견고하여 쳐서 빼앗을 수도 없음을 알고 군사를 돌렸습니다.

이들이 살수에 이르러 반쯤 건넜을 때 고구려 군사들이 그 후미를 치자, 적장 신세웅은 전사하고 수많은 무리가 잇달아 쓰러졌습니다. 이리하여 요동 땅을 밟게 된 수나라의 군사는 겨우 2천7백 명에 지나지 않았다고 합니다.

# 외교, 지형, 향도를 운용할 줄 알아야 한다

그러므로 제후의 속셈을 알지 못하면 교류를 할 수 없고, 산림이나 험지, 늪지 등의 지세를 알지 못하면 행군을 할 수 없으며, 그 지방의 길잡이를 이용하지 않으면 지리상의 이점을 얻을 수 없다.

故不知諸侯之謀者, 不能豫交; 不知山林險阻沮澤之形者,
고 부 지 제 후 지 모 자 불 능 예 교 부 지 산 림 험 조 저 택 지 형 자

不能行軍; 不用鄕導者, 不能得地利.
불 능 행 군 불 용 향 도 자 불 능 득 지 리

손무는 전략·지형·향도를 운용하지 못하면 무모한 싸움이 될 수밖에 없다고 했습니다. 즉 외교 관계, 지형 조건의 파악, 현지 사정에 능통한 이들의 도움이 있어야 한다는 것입니다. 지형을 강조하는 이유는 용병과 포진이 일정 공간에서 이루어지기 때문입니다. 자연 조건은 공격과 수비에 결정적인 영향을 미칩니다. 이는 천天·지地·인人, 세 가지를 아는 자는 승리하고 그렇지 못한 자는 패한다는 말에 이미 표현되어 있습니다.

# 바람처럼, 숲처럼, 불처럼, 산처럼

그러므로 전쟁이란 적을 속임으로써 성립하고, 유리한 상황일 때 움직이며, 병력을 분산하거나 통합하여 변화를 일으키는 것이다. 따라서 그 행동의 신속함은 바람과 같고, 고요할 때는 숲과 같으며, 쳐들어갈 때는 불길과 같고, 움직이지 아니할 때는 산과 같으며, 그 동정을 알 수 없음은 어둠과 같고, 움직일 때는 벼락이 치는 것과 같다.

적의 고을을 약탈하면 노획물은 나누고, 적의 땅을 점령하여 얻은 이득은 공정하게 분배하며, 상황의 변화에 따라 움직인다. 돌아가면서도 곧바로 가는 듯한 묘수를 지닌 이가 승리하는 것이니, 이는 군쟁의 원칙이다.

故兵以詐立, 以利動, 以分合爲變者也. 故其疾如風, 其徐如林,
고병이사립 이리동 이분합위변자야 고기질여풍 기서여림

侵掠如火, 不動如山, 難知如陰, 動如雷震.
침략여화 부동여산 난지여음 동여뢰진

掠鄕分衆, 廓地分利, 懸權而動. 先知迂直之計者勝,
약향분중 곽지분리 현권이동 선지우직지계자승

此軍爭之法也.
차군쟁지법야

손무의 후예인 손빈孫臏은 일찍이 방연龐涓과 함께 병법을 공부했습니다. 손빈의 재주를 시기한 방연은 위나라에 가서 장군이 된 후 손빈을 초청했습니다. 그리고 그에게 없는 죄를 뒤집어씌워 발목을 끊고 이마에는 글씨를 새겨 넣었습니다. 손빈을 사회적으로 매장시키고자 한 짓이었지요.

한편 위나라 수도 대량大梁을 방문한 제나라 사신이 손빈을 자기 나라로 데리고 가 장군 전기田忌에게 소개합니다. 손빈의 재능을 알게 된 전기는 제나라 위왕에게 그를 천거했지요.

그 뒤 위나라 군대가 조나라에 쳐들어오자, 조나라는 제나라에 도움을 청합니다. 위왕은 전기를 사령관으로, 손빈을 군사軍師로 삼아 작전을 짜게 했습니다.

출정에 앞서 손빈이 전기에게 말했습니다.

"싸움은 적이 노리고 있는 점을 저지할 게 아니라 그들의 허점을 쳐야 이길 수 있습니다. 지금 위와 조가 싸우고 있기 때문에 위나라 수도 대량은 무방비 상태나 다름없습니다.

이때 우리가 재빨리 그곳을 점령하면 위군은 자기네 수도를 구하기 위해 조나라에 대한 공격을 중단하게 됩니다. 이는 한번 출병하여 조나라의 포위를 풀고, 또한 위나라를 약화시키는 것입니다."

전기는 손빈의 계략대로 군사를 움직였고 허점을 공격당한 위나라 군사는 조나라 수도 한단邯鄲을 떠나 급히 돌아갔습니다. 그리고 제나라 군사는 이를 계릉에서 맞이하여 크게 무찔렀습니다.

그 후 15년의 세월이 흐르자 이번에는 위나라가 조나라와 합세해 한나라를 공격했습니다. 한나라의 구원 요청을 받은 제나라는 전기를 사령관으로 삼아 군대를 보냅니다. 전기는 이번에도 곧바로 대량을 향해 진격하였습니다.

위나라 장수 방연은 이 소식을 접하자마자 즉시 한나라를 떠나 귀로에 올랐습니다. 그러나 이미 국경을 넘은 제나라 군대는 계속 앞으로 나아갔습니다. 이때 작전 참모격인 손빈이 사령관 전기에게 계략을 올립니다.

"본래 삼진三晉(한 · 위 · 조)의 군사들은 제나라 군사를 겁이 많다고 해서 멸시하고 있습니다. 우리가 더욱 약한 꼴을 보이면 그들은 급히 추격하게 될 것입니다. 오늘부터 숙영지를 옮길 때마다 밥하는 아궁이 수를 줄이십시오. 오늘은 10만 개, 내일은  5만 개, 모레는 3만 개, 이렇게 줄이도록 해야 합니다."

전기는 이 계략을 즉시 실행하였습니다. 제나라 군사를 추격하던 방연은 사흘째에 이르러 이렇게 말했습니다.

"제나라 군사들이 겁쟁이라는 것은 익히 알고 있었지만 과연 그렇구나. 우리나라에 들어온 지 사흘 만에 이미 탈영병이 반을 넘고 있으니."

그러고는 보병은 뒤에 둔 채 기병만을 이끌고서 급히 추격에 나섰습니다.

한편 손빈은 추격군의 속도를 어림해 보아 저녁 무렵이면 마릉에 이르리라 생각했습니다. 마릉은 길이 좁고 좌우에 험준한 산이 있어 복병전을 쓸 수 있는 곳이었습니다.

손빈은 길옆에 서 있는 큰 나무의 껍질을 벗기고 거기에다 '방연은 이 나무 아래서 죽으리라'고 적었습니다. 그리고 활 잘 쏘는 자들을 뽑아 숨어 있도록 한 후에 이렇게 명했습니다.

"이곳에 불이 밝혀지거든 즉시 쏘도록 하라."

날이 어두워진 뒤 그 나무 밑에 이른 방연은 나무에 쓰인 글을 읽기 위해 불을 밝히고, 숨어 있던 제나라 군사들은 일제히 활을 쏘았습니다.

위나라 군사는 공포에 휩싸인 채 쓰러져 갔습니다. 이 소용돌이에서 빠져나올 수 없음을 안 방연은 "결국 그놈의 이름만 남기게 해주었구나."라고 탄식하며 칼로 목숨을 끊고 맙니다.

제나라 군사는 위나라 군사를 크게 무찌르고, 위나라 태자 신申을 생포하여 귀국했습니다. 손빈은 이 싸움으로 널리 이름을 세상에 알리게 되었고, 그의 병법 또한 후세에 전해지게 되었습니다.

# 징과 북, 깃발을 쓰는 이유

옛 병서인 《군정》에 이르기를 "말을 하여도 서로 들리지 않으므로 징과 북을 쓰며, 보려고 하여도 서로 보이지 않으므로 깃발을 쓰는 것이다."라고 했다. 무릇 징과 북, 깃발은 군대의 귀와 눈을 하나로 합하기 위함이다. 군대의 움직임이 하나로 합하게 되면 용기 있는 자도 혼자서 나아가지 못하고, 비겁한 자도 홀로 물러나지 못할 것이니 이것이 많은 병력을 다루는 원칙이다.

그러므로 야간 전투에서 횃불과 북을 많이 쓰고, 대낮의 전투에서 깃발을 많이 쓰는 것은 바로 적의 귀와 눈을 어지럽게 하기 위함이다. 그러므로 전군의 사기를 꺾을 수 있고, 장수의 마음을 어지럽힐 수 있는 것이다.

軍政曰: 言不相聞, 故爲金鼓. 視不相見, 故爲旌旗.
군정왈 언불상문 고위금고 시불상견 고위정기

夫金鼓旌旗者, 所以一人之耳目也. 民旣專一, 則勇者不得獨進,
부금고정기자 소이일인지이목야 민기전일 즉용자부득독진

怯者不得獨退, 此用衆之法也. 故夜戰多火鼓, 晝戰多旌旗,
겁자부득독퇴 차용중지법야 고야전다화고 주전다정기

所以變民之耳目也. 故三軍可奪氣, 將軍可奪心.
소이변민지이목야 고삼군가탈기 장군가탈심

징이나 북, 깃발은 신호 표지로서의 기능도 있지만 그보다는 군사들의 이목이나 주의를 끈다는 점에 주목해야 합니다.

군사들이 하나로 통일되어 있으면 뛰어나다고 하여 혼자 앞질러 나가 공을 세울 수도, 겁이 난다고 하여 혼자 도망칠 수도 없으니, 이것이 대규모의 병력을 다스리는 원칙입니다.

따라서 야전을 할 경우에 필요 이상의 화톳불이나 횃불을 쓰며 힘껏 북을 치고, 대낮에는 될 수 있는 한 깃발을 많이 세움으로써 압도적인 기세를 보여 적군의 기를 꺾고 적장들의 마음에 동요를 일으키는 일종의 심리전을 펼치는 것입니다.

# 전투에 앞서 4가지를 장악하라

본시 군대는 아침에는 기세가 날카롭고, 낮에는 느슨해지며, 저녁에는 기세가 사라진다. 따라서 군사를 잘 쓰는 이는 적의 기세가 날카로울 때를 피하고, 느슨해지고 사라질 때에 치는 것이다. 이것이 바로 기세를 다스리는 요령이다.

아군은 정돈된 태세로써 적의 혼란을 기다리며, 엄숙한 군기를 가지고 적의 해이함을 공격한다. 이것이 곧 심리를 다스리는 요령이다. 아군은 가까운 곳에서 먼 곳에서 온 적을 기다리고, 편안함으로써 적이 지치기를 기다리며, 배부르게 먹고 마심으로써 적의 굶주림을 기다린다. 이것이 바로 힘을 다스리는 요령이다.

질서정연하게 군기를 들고 다가오는 적과는 맞서 싸우지 말고, 당당하게 위용을 갖춘 적진은 공격하지 말라. 이것이 곧 정세의 변화를 다스리는 요령이다.

是故朝氣銳, 晝氣惰, 暮氣歸.
시고조기예 주기타 모기귀

故善用兵者, 避其銳氣, 擊其惰歸, 此治氣者也.
고선용병자 피기예기 격기타귀 차치기자야

以治待亂, 以靜待譁, 此治心者也.
이치대란 이정대화 차치심자야

以近待遠, 以佚待勞, 以飽待飢, 此治力者也.
이 근 대 원　이 일 대 로　이 포 대 기　차 치 력 자 야

無邀正正之旗, 勿擊堂堂之陣, 此治變者也.
무 요 정 정 지 기　물 격 당 당 지 진　차 치 변 자 야

해설

여기서는 전투에 앞서 적을 다스리는 네 가지 요령에 대해 언급하고 있습니다.

첫째, 적군의 사기가 왕성할 때는 싸움을 피하고, 지치고 해이해질 때를 기다려야 합니다. 이는 적군의 기세를 다스리는 요령입니다.

둘째, 아군은 안정과 질서를 유지함으로써 적의 혼란을 기다려야 합니다. 이는 적군의 심리를 다스리는 요령입니다.

셋째, 아군은 휴식과 배부름으로 적군의 피로와 굶주림을 기다립니다. 이는 적군의 전투력을 다스리는 요령입니다.

넷째, 질서정연한 적군과 위용을 갖춘 적의 진지는 공격하지 말아야 합니다. 이는 상황의 변화를 다스리는 요령입니다.

이와 같은 네 가지 사항을 제대로 다스릴 수 있는 장수라면 결코 패배하는 일은 없을 것입니다.

# 용병의 8가지 금기사항

무릇 용병의 원칙은 높은 언덕에 있는 적과는 싸우지 말고, 언덕을 등지고 있는 적과 맞서 싸우지 말며, 거짓 패하여 달아나는 적을 뒤쫓지 말아야 한다. 또한 적의 정예 부대는 공격하지 말며, 미끼로 내놓은 적군과는 응전을 하지 말고, 돌아가는 적의 퇴로를 막지 말아야 한다. 적군을 포위할 때는 반드시 물러날 틈을 열어 주고, 막다른 지경에 몰린 적을 몰아붙이지 말며, 길이 끊긴 지형에는 머물지 말아야 한다. 이것이 용병의 원칙이다.

故用兵之法, 高陵勿向, 背丘勿逆, 佯北勿從, 銳卒勿攻,
고용병지법 고릉물향 배구물역 양배물종 예졸물공

餌兵勿食, 歸師勿遏, 圍師必闕, 窮寇勿迫, 絶地勿留,
이병물식 귀사물알 위사필궐 궁구물박 절지물류

此用兵之法也.
차용병지법야

임진왜란이 일어나자 명나라는 제독 이여송李如松에게 군사 5만 명을 주어 조선을 돕게 합니다. 이여송은 평양성을 수복한 다음, 여세를 몰아 남하했습니다. 그는 파주에 이르러 군사들을 쉬게 하며 적의 동태를 살폈는데, 당시 왜장 고바야카와는 명군을 요격하고자 북상 중이었습니다.

이에 왜군의 선봉과 명의 부총병 사대수査大受 및 조선의 군사 수백 명은 벽제관의 남쪽 여석령에서 소규모의 접전을 벌이고, 왜군 백여 명을 죽이는 전과를 거둡니다. 이 소식을 들은 이여송은 주력 부대인 보병을 뒤에 둔 채 기병만을 이끌고 달려옵니다.

이때 고바야카와는 여석령 뒤쪽에 대군을 매복한 채, 수백 명만 고개 위에 주둔시켰습니다. 명군을 유인하기 위해 미끼로 내놓은 군사였던 것이지요.

이여송은 적이 소수인 것을 보고는 기병을 좌우로 벌린 채 접근했습니다. 왜군도 이에 맞서 아래로 내려왔는데, 서로 간의 거리가 좁혀지자 매복했던 병사들이 고개를 넘어 내려오기 시작했습니다.

명나라 군사들은 그제야 함정임을 알고 후퇴하려 하였으나 이미 때는 늦은 상태였습니다. 당시 명군은 조총이 없고 짧고 무딘 칼만 지녔으나, 왜군은 길고 날카로운 일본도와 성능이 우수한 조총으로 무장하고 있었습니다.

전투가 벌어지자 명군은 힘없이 쓰러져 갔습니다. 이들은 늦게나마 도착한 부총병 양원楊元이 거느린 화병火兵들의 도움으로 간신히 포위망을 뚫고 파주 방면으로 후퇴하였습니다. 그 후 이여송은 개경에서 군사를 주둔시킨 채 적정을 살피다가 마침내 평양으로 철수하고 맙니다.

이여송의 벽제관 싸움은 미끼로 내놓은 적군을 공격하다가 복병에 걸려 패배의 쓴잔을 마신 경우라 할 것입니다.

제 8 편

# 구변九變
# 모든 상황에는 불리함과 이로움이 함께 있다

〈구변九變〉의 내용은 그 명칭만큼이나 변화무쌍합니다.
문장의 전후 맥락에 통일성이 없고, 서술 방식도 특이합니다.
체제 또한 제대로 잡히지 않아 혼란스러운 편으로 알려져 있지요.
핵심 내용은 전쟁이란 늘 유동적이고 변수가 따르게 마련이니
장수 된 이는 상황의 변화에서 오는 유리함과 불리함을 고려하여
공격과 대비 태세를 갖추어야 한다는 것입니다.

빅데이터 시대에 10대가 꼭 알아야 할

손자병법

# 지형에 따른 전략

손자가 말하였다.

무릇 전쟁을 수행하는 방법은 장수가 군주의 명령을 받아 군사를 징집하여 군대를 편성하되, 움푹 파이고 축축한 땅에는 주둔하지 말아야 하며, 사통팔달의 땅에서는 외교 관계를 잘 맺어야 하고, 길이 끊어진 곳에서는 오래 머무르지 않아야 하며, 포위되기 쉬운 지형에서는 조속히 빠져나갈 책모를 세우며, 사지에서는 죽기 살기로 싸워야 한다.

孫子曰: 凡用兵之法, 將受命於君, 合軍聚衆, 圮地無舍,
손자왈 범용병지법 장수명어군 합군취중 비지무사

衢地合交, 絶地無留, 圍地則謀, 死地則戰.
구지합교 절지무류 위지즉모 사지즉전

수레와 말도 지날 수 없을 정도로 진퇴가 힘든 토지에는 머무르지 않는 것이 좋습니다. 반대로 인접국과의 교통 요충지에서는 그 인접국과의 접촉에 만사 조심해야 합니다.

또 인가에서 멀리 떨어진 불모의 토지에 오래 머무르는 것은 금물이며, 출구가 적고 사방이 산과 강으로 둘러싸인 지세에서는 만일을 대비해야 합니다. 부득이한 사정으로 진퇴가 여의치 않는 곳으로 들어갔을 때는 전력을 다하여 싸우는 수밖에 없습니다.

전쟁에서는 입지 조건이 중요하고, 그것에 맞춰서 적당한 조치를 취하는 것이 중요하다는 내용입니다.

# 싸워서는 안 될 적이 있다

가서는 안 될 길이 있고, 싸워서는 안 될 적이 있으며, 공격해서는 안 될 요새가 있고, 다투어서는 안 될 땅이 있으며, 군주의 것이라도 받아들여서는 안 될 명령이 있다.

途有所不由, 軍有所不擊, 城有所不攻, 地有所不爭,
도유소불유 군유소불격 성유소불공 지유소부쟁
君命有所不受.
군명유소불수

해설

전쟁에서는 적의 실實을 피하고, 허虛를 찔러야 이길 수 있습니다. 따라서 작전상 편리한 길을 피하고, 험난한 길을 가야 할 때도 있게 마련이지요. 또한 공격해서는 안 될 요새도 있습니다.

러일 전쟁 때 일본군은 견고한 여순 요새를 정면으로 공격해 비록 승리했으나 막대한 희생을 치러야만 했습니다. 만일 이때 일본군이 여순 요새를 견제하며, 일부의 병력으로 시베리아 철도를 파괴하는 우회 전술을 구사했다면 러시아군의 전쟁 수행 능력을 이내 마비시킬 수 있었을 것입니다.

빼앗고자 다투어서는 안 될 지형도 있습니다. 예컨대 구릉 지대로 둘러싸인 좁고 막힌 지형에서 대군이 소수의 적군에게 기습을 당한다면 그 병력을 전개할 수 없어 결국은 패하게 될 것입니다. 이런 곳에는 군대를 주둔시키지 말고 빨리 빠져나오는 것이 상책입니다.

그리고 군주는 야전 사령관의 작전에 간섭하지 말아야 합니다. 물론 선전포고를 하고 장수를 임명하는 것이 군주의 권한이긴 하나 현지의 지휘관이 효과적으로 작전을 수행하기 위해서는 폭넓은 재량권이 주어져야 합니다. 싸움터에서 지휘관은 늘 임기응변해야 하기 때문입니다.

고구려 원정 시 수양제는 장수에게 현지 상황을 보고하게 한 후 손수 작전 지시를 내린 바 있습니다. 장수의 재량권을 허용하지 않는 이런 조치 때문에 고구려는 늘 완벽한 대비 태세를 갖출 수 있었지요.

또한 제2차 세계 대전 당시 아돌프 히틀러는 북아프리카 롬멜 군단의 철수를 허락하지 않아 전 병력을 궤멸케 했고, 러시아 전선의 독일군에게도 사수하라는 명령으로만 일관하여 파멸을 초래한 바 있습니다.

이렇게 통치권자가 군대의 진격과 후퇴에 일일이 간섭하면 현지 지휘관의 발목을 묶는 결과를 초래합니다. 그러므로 손무는 이와 같은 부당한 조치에 대해 때로는 거부할 수 있어야 함을 강조한 것입니다.

## 장수는 임기응변에 능해야 한다

그러므로 장수란 아홉 가지 변화의 이로움에 능통해야만 싸우는 법을 아는 것이다. 장수로서 아홉 가지 변화의 이로움에 능통하지 못하면 비록 지형을 안다 해도 지형의 이점을 얻을 수 없다. 군대를 다스리는 데 아홉 가지 변화의 전술을 활용하지 못하면 비록 다섯 가지 이로움을 안다 해도 그것들을 제대로 쓸 줄 모르는 것이다.

故將通於九變之利者, 知用兵矣; 將不通於九變之利者,
고 장 통 어 구 변 지 리 자 지 용 병 의 장 불 통 어 구 변 지 리 자

雖知地形, 不能得地之利矣; 治兵不知九變之術, 雖知五利,
수 지 지 형 불 능 득 지 지 리 의 치 병 부 지 구 변 지 술 수 지 오 리

不能得人之用矣.
불 능 득 인 지 용 의

여기서 아홉 가지 변화란 0의 개념이 없던 시대에 9를 다수多數로 표현한 것이라 추측됩니다. 또한 다섯 가지 이로움이란 앞에서 언급된 비지 · 구지 · 절지 · 위지 · 사지, 이 다섯 지형에서의 유리한 기동 양식을 의미하는 것으로 보입니다.

다시 말해 장수는 때와 장소에 따라 임기응변하는 능력이 있어야만 하며, 이와 같은 능력과 자질을 갖추지 못한 자는 비록 지형을 알고 있더라도 그것을 아군에게 유리하게 이용하지 못한다는 것이지요.

또한 군대를 지휘하더라도 그때그때 상황에 맞게 다양한 전술을 구사하지 못한다면 군사들의 전투력을 제대로 활용하기 어렵다는 것입니다.

# 모든 상황에는 불리함과 이로움이 함께 있다

그러므로 지혜로운 장수는 반드시 이로움과 해로움을 동시에 염두에 둔다. 이로움을 생각해 두면 하는 일에 소신을 가질 수 있고, 해로움을 생각해 두면 환난에 대비할 수 있다.

따라서 적국의 제후를 굴복시킬 수 있는 것은 해로움을 보여 줌으로써 그것을 알게 하기 때문이고, 적국의 제후를 부리는 것은 쓸데없는 일에 힘을 쓰게 하기 때문이며, 적국의 제후를 달려오게 하는 것은 이로움을 보여 주기 때문이다.

是故智者之慮, 必雜於利害. 雜於利, 而務可信也; 雜於害,
시고지자지려 필잡어리해 잡어리 이무가신야 잡어해

而患可解也.
이환가해야

是故屈諸侯者以害, 役諸侯者以業, 趨諸侯者以利.
시고굴제후자이해 역제후자이업 추제후자이리

전쟁도 여느 세상일과 마찬가지로 유리함 속에서 불리함이 있고, 불리함 속에 유리함이 스며 있게 마련입니다. 최악의 상황에 처하더라도 절망하지 않고 방법을 찾으면 도리어 위기를 승리의 전환점으로 삼을 수 있지요.

한국 전쟁 당시 유엔군 사령관이었던 맥아더는 아군이 낙동강 전선에서 인민군의 주력과 힘겨운 싸움을 하던 시기에 일부의 병력을 인천에 상륙시켜 일거에 전세를 역전시켰습니다.

이렇게 탁월한 지휘관은 단 한 번의 작전으로 불리한 전세를 유리한 국면으로 바꿀 수 있습니다.

# 적이 안 올 거라 믿지 말고 스스로를 강하게 하라

그러므로 용병의 원칙은 적이 공격해 오지 않을 것이라고 믿지 않고 아군이 대적할 방책을 믿으며, 적이 공격하지 않으리라는 것을 믿지 않고 적이 아군을 공격할 수 없게 하는 것을 믿는 것이다.

故用兵之法, 無恃其不來, 恃吾有以待也; 無恃其不攻,
고 용 병 지 법 무 시 기 불 래 시 오 유 이 대 야 무 시 기 불 공

恃吾有所不可攻也.
시 오 유 소 불 가 공 야

**해설**

적이 공격하지 않을 것이라는 생각하기보다 공격을 당해도 문제없을 정도로 준비를 하는 것이 좋다는 말입니다.

이순신의 함대가 견내량見乃梁에서 왜선과 대치할 때의 일입니다. 달 밝은 어느 밤, 이순신은 갑옷을 입은 채 북을 베개 삼아 누웠다가 갑자기 일어나 술을 가져오게 한 뒤 한 잔을 마셨습니다. 그러고 나서 부하들을 불러 모아 이렇게 명했습니다.

"왜인은 원래 교묘한 무리들이오. 달빛이 없을 때는 아군을 기습할 것

이나, 오늘처럼 달빛이 밝을 때도 쳐들어올 수 있소. 그러니 경계를 느슨히 해서는 아니 되오."

그러고는 나팔을 불어 모든 함선의 닻을 걷어 올리게 한 후, 척후선을 보내어 적선의 동태를 살피도록 했습니다. 잠시 후 척후병이 달려와 적의 함대가 접근해 오고 있음을 알렸습니다.

그 시각은 달이 서산에 걸려 산 그림자가 바다에 드리워져 한쪽 면이 그늘져 있을 때였습니다. 그늘진 곳을 따라 왜선들이 은밀히 아군의 함선으로 다가오고 있었던 것입니다.

우리 측 함대가 대포를 쏘며 함성을 지르자, 적선도 이에 응해 조총을 쏘기 시작했습니다. 그러나 이내 아군의 방어 태세가 만만치 않음을 알고는 더 이상 접근하지 못하고 물러갔습니다. 이에 이순신의 부하들은 그의 혜안에 새삼 탄복하였다고 합니다.

# 장수가 경계해야 할 5가지 위험

따라서 장수에게는 다섯 가지 위험이 있다. 죽음을 무릅쓰고 싸우면 결국 죽게 되며, 기어코 살기를 각오하면 적에게 사로잡히게 된다. 성을 잘 내며 성급하면 수모를 당하게 되며, 성품이 지나치게 깨끗하면 도리어 치욕을 당하게 되고, 백성을 지나치게 아끼면 번거로운 일에 말려들게 된다.

대체로 이 다섯 가지는 장수가 범하기 쉬운 잘못이요, 용병상의 재난이다. 군대가 전멸당하고 장수가 죽음을 당하게 됨은 반드시 이 다섯 가지 위험에서 비롯되니 이를 경계하지 않으면 안 된다.

故將有五危: 必死可殺也, 必生可虜也, 忿速可侮也,
고 장 유 오 위 필 사 가 살 야 필 생 가 로 야 분 속 가 모 야

廉潔可辱也, 愛民可煩也.
염 결 가 욕 야 애 민 가 번 야

凡此五者, 將之過也, 用兵之災也. 覆軍殺將, 必以五危,
범 차 오 자 장 지 과 야 용 병 지 재 야 복 군 살 장 필 이 오 위

不可不察也.
불 가 불 찰 야

손무는 제1편 〈시계〉에서 장수가 갖추어야 할 다섯 가지 덕목 – 지혜, 신의, 인자함, 용기, 엄정함에 대해 말한 바 있습니다. 여기서는 그와 상대되는 개념으로 장수가 경계해야 할 5가지 위험, 오위五危에 대해 이야기합니다.

지휘관은 지혜롭고 훌륭한 인품의 소유자여야 합니다. 그러나 일방적으로 치우친 성품이라면 그것 자체가 약점이 될 것입니다.

그러므로 지나친 용기나 비겁함 모두 바람직하지 못한 자질일 뿐입니다. 용기는 군인의 필수적 자질의 일부에 지나지 않고, 비겁한 장수는 아예 군인으로서 자격이 없기 때문이지요.

또한 성을 잘 내며 침착하지 못한 장수는 적에게 우롱을 당합니다. 오장원에서 촉군과 대치하던 위나라의 사마의는 제갈량으로부터 여자 옷을 선물 받습니다. 결전을 피하는 그를 싸움터로 끌어내기 위한 술책이었지요.

그러나 사마의는 분노를 참고 사자에게 제갈량의 일상생활에 대한 것만 물었습니다. 만일 그가 조급한 성품의 소유자였더라면 적의 심리 전술에 말려들어 대사를 그르쳤을 것입니다.

또한 지나치게 지조를 내세우거나 너무 백성을 아끼는 장수도 그 융통성 없는 성품으로 인해 적에게 약점을 잡힐 수 있습니다.

이와 같은 장수의 성격적 결함은 결국 군대를 파멸시키는 자기 함정이므로 평소에 깊이 경계해야 합니다.

장수는 시시때때로 변하는 전쟁 상황에 반응해 신속하고 적절하게 대처해야 하는 자리이기에, 어느 한쪽에 치우쳐 편견에 사로잡히거나 고집을 부리면 모든 것을 망칠 수 있습니다. 손무는 그러한 위험성을 경고하고 있는 것입니다.

제 9 편

# 행군行軍

# 행군과 주둔의 원칙

〈행군行軍〉 편에서는 군대가 행군할 때의 요령과
진을 치고 주둔할 때 고려해야 할 사항, 적의 정세와 징후를 관찰하여
상황에 따라 적절하게 판단할 것을 말하고 있습니다.
구체적으로 지형을 이용하는 법과 적의 사정을 살피고 분석하는 법,
군사들을 교육하고 통솔하는 법에 관해 언급합니다.

빅데이터 시대에 10대가 꼭 알아야 할

손자병법

# 지형에 따라 전략을 달리 하라

손자가 말하였다.

무릇 군대가 적과 대치함에 있어서는 적정을 잘 살펴야 한다. 산을 넘어서는 골짜기에 의지하고, 시야가 트인 높은 곳을 차지해야 하며, 높은 곳에 있는 적을 올라가면서 공격해서는 안 된다. 이것이 곧 산악 지대에서 군사를 쓰는 원칙이다.

강물을 건너면 빨리 물가에서 멀리 떨어져야 한다. 적이 강물을 건너올 때는 물가에서 이를 맞아 싸우지 말고, 반쯤 건너오게 한 다음에 치는 게 유리하다. 싸움을 하려고 한다면 물가에서 적을 맞이하지 말고, 시야가 트인 높은 곳을 차지하며, 상류에서 내려오는 적을 상대해서는 안 된다. 이것이 곧 물가에서 군사를 쓰는 원칙이다.

늪지대를 건널 때는 되도록 빨리 건너고 머물지 말아야 한다. 부득이 늪지대에서 적과 싸우게 될 때는 반드시 수초에 의지하고 우거진 숲을 등지고 싸워야 한다. 이것이 곧 늪지대에서 군사를 쓰는 원칙이다.

평지에서는 이동이 쉬운 곳에 주둔하고 오른쪽이 높은 곳을 되도록 등지며, 앞쪽은 죽을 수도 있고 뒤쪽은 살 수도 있는 지형에 의지하라. 이것이 평지에서 군사를 쓰는 원칙이다.

무릇 이 네 가지는 용병상 활용해야 할 이점이니, 그 옛날 황제黃帝가 사방의 우두머리와 싸워서 승리를 거두었던 방법이다.

孫子曰: 凡處軍相敵, 絶山依谷, 視生處高, 戰隆無登,
손 자 왈 범 처 군 상 적 절 산 의 곡 시 생 처 고 전 륭 무 등

此處山之軍也.
차 처 산 지 군 야

絶水必遠水; 客絶水而來, 勿迎之於水內, 令半濟而擊之, 利;
절 수 필 원 수 객 절 수 이 래 물 영 지 어 수 내 영 반 제 이 격 지 리

欲戰者, 無附於水而迎客; 視生處高, 無迎水流,
욕 전 자 무 부 어 수 이 영 객 시 생 처 고 무 영 수 류

此處水上之軍也.
차 처 수 상 지 군 야

絶斥澤, 惟亟去無留; 若交軍於斥澤之中, 必依水草, 而背衆樹,
절 척 택 유 극 거 무 류 약 교 군 어 척 택 지 중 필 의 수 초 이 배 중 수

此處斥澤之軍也.
차 처 척 택 지 군 야

平陸處易, 而右背高, 前死後生, 此處平陸之軍也.
평 륙 처 이 이 우 배 고 전 사 후 생 차 처 평 륙 지 군 야

凡此四軍之利, 黃帝之所以勝四帝也.
범 차 사 군 지 리 황 제 지 소 이 승 사 제 야

지형에 대해 상당히 구체적으로 이야기하고 있는 대목으로 산악, 물가, 늪지대, 평지 등 네 가지 조건 아래에서 주둔하는 요령에 대해 설명하고 있습니다.

황제黃帝는 중국 고대의 다섯 제왕인 오제五帝의 첫 번째 인물로 한족漢族의 조상으로 일컬어지는 인물입니다. 씨족 부락의 우두머리로 추대받아, 기원전 2,700년경에 황하黃河 중북부의 이민족을 굴복시켜 천하를 통일하였다고 합니다. 인류 최초로 도량형과 음악, 역법曆法, 잠업蠶業 등을 창안하여 중국 역사상 문명 생활의 기틀을 이룩한 인물로 알려져 있습니다.

# 주둔할 곳을 잘 살펴라

무릇 군대는 높은 지대를 좋아하고 낮은 지대는 싫어하며, 양지바른 데를 소중히 여기고 그늘진 데는 천시한다. 위생에 유의하고 생기 있는 곳에 처하면 군대에 질병이 없어 이를 필승의 태세라고 말하는 것이다.

언덕과 제방이 있는 곳에서는 반드시 양지 쪽에 자리 잡으며, 오른쪽으로 등지고 진을 쳐야만 한다. 이렇게 하면 전투 시에 이롭고, 또한 지형의 도움을 받을 수 있다. 상류에서 비가 내려 물거품이 떠내려오면 건너지 말고 가라앉을 때까지 기다려야 한다.

凡軍好高而惡下, 貴陽而賤陰, 養生而處實, 軍無百疾,
범 군 호 고 이 오 하 귀 양 이 천 음 양 생 이 처 실 군 무 백 질

是謂必勝.
시 위 필 승

丘陵堤防, 必處其陽, 而右背之. 此兵之利, 地之助也.
구 릉 제 방 필 처 기 양 이 우 배 지 차 병 지 리 지 지 조 야

上雨, 水沫至, 欲涉者, 待其定也.
상 우 수 말 지 욕 섭 자 대 기 정 야

군대가 주둔할 만한 지형과 위생 문제, 구릉 지대와 제방에서 포진하는 방법에 대해서 말하고 있습니다. 이와 같은 세심한 배려가 곧 승리의 원동력인 것입니다.

# 가까이하지 말아야 할 6가지 지형

대체로 지형에는 깎아지른 듯 높이 솟은 절벽에 둘러싸인 깊은 골짜기, 바깥은 높고 가운데는 낮아서 물이 흘러 들어가는 곳, 높은 산들로 둘러싸여 빠져나오기 어려운 곳, 나무와 풀이 얽혀 군사들이 움직이기 힘든 곳, 늪지대로 수레와 말이 빠져나오지 못하는 곳, 길은 좁고 지면이 고르지 못해 패인 데가 많은 곳 등이 있으니, 이런 데는 되도록 빨리 지나가야 하며 가까이 해서는 안 된다.

아군은 이런 곳을 멀리하되 적군은 가까이 오도록 하며, 아군은 이를 앞에 두고 적군은 이를 등지도록 해야 한다.

凡地有絶澗天井天牢天羅天陷天隙, 必灣去之, 勿近也.
범 지 유 절 간 천 정 천 뢰 천 라 천 함 천 극 필 극 거 지 물 근 야

吾遠之, 敵近之; 吾迎之, 敵背之.
오 원 지 적 근 지 오 영 지 적 배 지

군대가 가까이하지 말아야 할 여섯 가지 지형, 절간絶澗, 천정天井, 천뢰天牢, 천라天羅, 천함天陷, 천극天隙을 세분화해 설명하고 있습니다.

이 여섯 군데의 해로운 지형을 6해害의 땅이라고 하는데, 이와 같이 해로운 장소에는 가급적이면 접근하지 말아야 하며 부득이 접근할 경우에는 속히 빠져나와야 합니다.

아군은 이를 피하고 멀리해야 하지만, 반대로 적군은 이것에 접근하도록 유도하는 것이 좋습니다. 그러한 곳에서 적과 만날 때는 험한 지역이 전방이 되도록 위치를 잡고, 적에게는 그것이 배후가 되도록 하는 것이 유리합니다.

한마디로 위험 지역에 대한 주의와 그 역이용의 방법을 담고 있는 내용입니다.

# 세심한 경계가 필요한 곳들

군대가 험하고 막힌 골짜기, 물이 고여 있는 웅덩이, 갈대 우거진 늪지, 나무가 무성한 수풀, 풀이 무성한 지대를 통과하거나 주둔할 때는 반드시 철저하게 수색해야 한다. 이러한 지형은 적의 복병이 숨어 있기에 알맞은 곳이기 때문이다.

軍旁有險阻蔣潢井生葭葦, 山林翳薈, 必謹覆索之,
군 방 유 험 조 장 황 정 생 가 위 산 림 예 회 필 근 복 색 지

此伏姦之所處也.
차 복 간 지 소 처 야

해설

험난한 곳이나 웅덩이, 갈대밭, 초목이 무성한 곳을 행군할 때는 세심한 경계가 필요합니다. 왜냐하면 적의 복병이나 첩자가 숨어 있기에 알맞은 장소이기 때문입니다. 따라서 본대가 접근하기에 앞서 정찰대를 보내어 거듭 수색해야 합니다.

# 적의 동태를 알아내는 법 1

적에게 가까이 다가갔는데도 조용한 것은 그들이 지형의 험준함을 믿고 있기 때문이며, 먼 거리에 있으면서도 싸움을 걸어오는 것은 아군을 끌어내기 위함이며, 적이 평지에 진을 쳤다면 그곳에 이점이 있다는 것이다.

많은 나무들이 움직이는 것은 적이 오고 있다는 것이며, 풀숲에 장애물을 많이 만들어 놓은 것은 의심을 불러일으키려는 것이다. 새들이 날아오르는 것은 복병이 있다는 것이며, 짐승들이 놀라 달아나는 것은 기습해 오기 때문이다.

흙먼지가 높고도 날카롭게 일어나는 것은 전차가 진격해 온다는 징후이며, 흙먼지가 낮게 퍼지듯 일어나면 보병이 진격해 온다는 징후이다. 흙먼지가 흩어져서 일어나면 땔감을 채취하는 징후이며, 흙먼지가 적게 왔다 갔다 하는 것은 진영을 구축하고 있다는 것이다.

敵近而靜者, 恃其險也; 遠而挑戰者, 欲人之進也; 其所居易者,
적근이정자 시기험야 원이도전자 욕인지진야 기소거이자

利也.
이야

衆樹動者, 來也; 衆草多障者, 疑也; 鳥起者, 伏也; 獸駭者, 覆也.
중수동자 내야 중초다장자 의야 조기자 복야 수해자 복야

塵高而銳者, 車來也; 卑而廣者, 徒來也; 散而條達者, 樵採也;
진고이예자 거래야 비이광자 도래야 산이조달자 초채야

少而往來者, 營軍也.
소이왕래자 영군야

해설

새들과 초목의 움직임, 먼지가 피어나는 모양 등도 적정을 살피는 자료가 됩니다. 명장은 이와 같은 치밀한 관찰력으로 불리한 싸움도 승리로 이끕니다.

## 적의 동태를 알아내는 법 2

사자使者의 말씨가 겸손하면서도 방비를 더함은 진격하려는 것이며, 사자의 말씨가 강경하고 또한 진격 태세를 취함은 실은 철수하려는 것이다.

가벼운 전차가 군대 앞의 측면에 있는 것은 진陣을 펼치려는 것이다. 갑자기 화의를 요청함은 계략이 있는 것이며, 적이 분주하게 움직이며 전차를 배치함은 결전을 시도하려는 것이다. 적이 반쯤 진격하였다가 반쯤 퇴각함은 아군을 유인하려는 것이다.

辭卑而益備者, 進也; 辭強而進驅者, 退也;
사비이익비자 진야 사강이진구자 퇴야

輕車先出居其側者, 陳也; 無約而請和者, 謀也;
경거선출거기측자 진야 무약이청화자 모야

奔走而陳兵車者, 期也; 半進半退者, 誘也.
분주이진병거자 기야 반진반퇴자 유야

여기서는 말과 속셈이 다른 경우가 많다는 점을 지적하고 있습니다.

전쟁에서는 적의 눈을 속이는 것도 중요한 전술 중 하나입니다. 이미 갖추어져 있는 상황을 최대한 이용해 전투 형태를 가장 좋게 배치하여 실제 군사력보다 강해 보이도록 해야 합니다. 그렇게 하는 것으로도 실제 전투에서 우위를 점할 수 있습니다.

이것을 반대로 생각해 보면 전쟁에서 상대의 속임수를 간파할 수 있는 능력이 매우 중요하다는 사실을 알 수 있습니다.

# 적의 동태를 알아내는 법 3

무기를 지팡이 삼아 짚고 서 있음은 굶주린 것이고, 물을 길어서 서둘러 마시는 것은 목이 말랐기 때문이며, 이익을 보고도 진격하지 않음은 피로한 것이다.

새들이 모여드는 것은 군영이 비었기 때문이고, 밤중에 서로 부르는 것은 겁에 질려 있기 때문이며, 군사들이 소란스러운 것은 장수가 위엄이 없기 때문이다.

깃발이 흔들리는 것은 대오가 혼란한 것이며, 장수들이 함부로 성내는 것은 지쳐 있기 때문이다. 말을 잡아먹는 것은 식량이 없기 때문이며, 걸어 놓은 솥을 내버리고 막사로 돌아가지 않음은 궁지에 몰린 것이다.

倚杖而立者, 飢也; 汲而先飮者, 渴也; 見利而不進者, 勞也;
의장이립자 기야 급이선음자 갈야 견리이부진자 노야

鳥集者, 虛也; 夜呼者, 恐也; 軍擾者, 將不重也;
조집자 허야 야호자 공야 군요자 장부중야

旌旗動者, 亂也; 吏怒者, 倦也; 粟馬肉食者, 無糧也,
정기동자 난야 이노자 권야 살마육식자 무량야

懸缶不返其捨者, 窮寇也;
현부불반기사자 궁구야

적이 드러내는 겉모습에는 어쩔 수 없는 진실이 담겨 있게 마련입니다. 지혜로운 장수는 적의 일거수일투족을 세밀히 살펴 그들의 실정을 정확히 파악합니다.

# 적의 동태를 알아내는 법 4

장수가 간곡하고도 부드럽게 군사들과 말함은 신망을 잃은 것이다. 자주 상을 내리는 것은 군사 통솔에 궁색해졌기 때문이며, 마구 벌을 내림은 지휘에 어려움이 많은 것이다. 군사들을 난폭하게 다루다가 이윽고 그들의 이반을 두려워함은 통솔하는 방법이 졸렬한 것이다. 사자를 보내어 정중히 사과함은 쉴 틈을 얻으려는 것이다. 적군이 노기를 띠고 아군과 대치하면서도 정작 싸우지도 않고 물러가려고도 하지 않는다면 반드시 이를 잘 살펴야만 한다.

諄諄翕翕, 徐與人言者, 失衆也; 數賞者, 窘也; 數罰者,
순 순 흡 흡 서 여 인 언 자 실 중 야 삭 상 자 군 야 삭 벌 자

困也; 先暴而後畏其衆者, 不精之至也; 來委謝者, 欲休息也.
곤 야 선 포 이 후 외 기 중 자 부 정 지 지 야 내 위 사 자 욕 휴 식 야

兵怒而相迎, 久而不合, 又不相去, 必謹察之.
병 노 이 상 영 구 이 불 합 우 불 상 거 필 근 찰 지

손무는 이 〈행군〉 편에서 적의 동태 33가지 항목을 세밀하고 구체적으로 제시하고 있는데, 적의 외적인 행동을 관찰해 그들의 정황을 살피라는 것입니다. 아주 사소한 단서도 적의 동태를 파악하는 데 유효하다면 적을 일거에 섬멸할 수 있는 중요한 단서가 됩니다.

# 문文으로 명령하고, 무武로 통제하라

병사가 많다고 반드시 이로운 것은 아니다. 용맹만을 믿고 함부로 진격함이 없이, 힘을 합쳐서 적정을 헤아리고 적당한 인재를 쓰기만 하면 족한 것이다.

무릇 아무런 대책도 없이 적을 가볍게 여기는 장수는 반드시 사로잡히게 된다. 군사들이 믿고 따르기도 전에 벌을 주면 복종하지 않을 것이요, 복종치 않으면 부리기가 어렵다. 또한 군사들이 이미 믿고 따르는데도 벌주지 않으면 부릴 수가 없게 된다.

그러므로 그들을 가르치고 부리는 일에 있어서는 문文으로써 하고, 질서 있게 통솔하는 데는 무武로써 한다. 이를 일컬어 반드시 승리하는 군대라고 하는 것이다.

평소에 명령이 잘 시행되도록 군사들을 가르치게 되면 그들은 복종할 것이다. 그러나 평소에 명령이 시행되지 않음을 내버려 두었다면 군사들은 명령에 복종하지 않을 것이다. 평소 명령이 제대로 시행되었다는 것은 윗사람과 아랫사람의 뜻이 서로 화합했기 때문이다.

兵非益多也, 惟無武進, 足以幷力料敵, 取人而已.
병 비 익 다 야 유 무 무 진 족 이 병 력 료 적 취 인 이 이

夫惟無慮而易敵者, 必擒於人. 卒未親附而罰之, 則不服,
부 유 무 려 이 이 적 자 필 금 어 인 졸 미 친 부 이 벌 지 즉 불 복

不服則難用也. 卒已親附而罰不行, 則不可用也.
불 복 즉 난 용 야 졸 이 친 부 이 벌 불 행 즉 불 가 용 야

故令之以文, 齊之以武, 是謂必取. 令素行以教其民, 則民服;
고 영 지 이 문 제 지 이 무 시 위 필 취 영 소 행 이 교 기 민 즉 민 복

令不素行以教其民, 則民不服. 令素行者, 與衆相得也.
영 불 소 행 이 교 기 민 즉 민 불 복 영 소 행 자 여 중 상 득 야

장수가 군사들을 잘 이끌려면 신뢰를 바탕으로 한 질서와 상호이해가 있어야 합니다. 이것을 정비하여 실전에 적합하게 하는 것은 무덕武德으로 문과 무, 양쪽을 겸비해야 비로소 백전백승이란 것이 가능합니다.

상호이해가 원만하다는 것은 군사들과 일체가 되어 있다는 뜻입니다. 조금의 빈틈도 없는 군은 단합이야말로 전쟁의 기본이 되는 것입니다.

장수와 군사 사이의 유대가 잘 이루어지려면 평소 충분한 이해를 바탕으로 누구에게나 공평한 군율이 유지되어야 합니다. 군대를 움직이는 데도, 백성을 다스리는 데도 이것이 기본입니다.

제 10 편

# 지형 地形

# 적을 알고 나를 알고 지형을 알아야 한다

〈지형地形〉 편에서는
군대가 서로 다른 지형 조건 아래에서 취할 행동 원칙을 논하고,
장수에게 지형에 대한 연구와 응용을 중시하도록 강조합니다.
앞서 군대의 행군 방법을 다룬 〈행군〉과 아홉 가지 지형에 대해
논하는 11편 〈구지九地〉 편이라고 할 수 있을 만큼
세부적으로 군사지리에 대해 다루고 있습니다.
전쟁에서 적을 알고 나를 아는 '지피지기知彼知己'만큼 하늘도 알고
땅도 아는 '지천지지知天知地'도 중요하다는 것을 거듭 강조하였습니다.

빅데이터 시대에 10대가 꼭 알아야 할

손자병법

# 지형에 따라 달리 운용하라

손자가 말하였다.

지형에는 통형通形, 괘형掛形, 지형支形, 애형隘形, 험형險形, 원형遠形이 있다. 아군과 적군이 모두 쉽사리 나아갈 수 있는 곳을 통형이라고 한다. 여기서는 먼저 높고 햇볕이 잘 드는 데에 진을 치고 군량 보급로를 확보하면 적과 싸우기에 이롭다.

나아가기는 쉬우나 물러나기가 어려운 곳을 괘형이라고 한다. 이런 곳에서는 적이 수비를 굳히고 있지 않을 때 나아가 싸우면 이길 수 있으나, 이미 수비를 굳히고 있다면 나아가 싸워도 이기기 어렵고 또한 물러서기에도 불리하다.

우리 편이 나아가서 싸워도 불리하고 적이 진격해도 불리한 지세를 지형이라고 한다. 이런 곳에서는 적이 비록 우리에게 이로움을 주는 듯 유인하더라도 공격해서는 안 된다. 군사들을 이끌고 뒤로 물러가는 체하여 적을 나오게 한 다음에 공격하면 이롭다.

애형은 우리가 먼저 그곳을 차지하면 수비에 충실한 채 적을 기다려야 한다. 만일 적이 먼저 그곳을 차지했을 때는 그 수비가 충실하면 싸우지 말고, 수비가 허술하면 따라가서 싸워도 된다.

험형은 우리가 먼저 그곳을 점령하면 반드시 높고 햇볕이 잘 드는 곳에 진을 치고 적의 공격을 기다려야 한다. 만일 적이 먼저 그곳을 점령했으면 군사를 이끌고 철수할 것이며, 쫓아가 싸워서는 안 된다.

원형, 즉 멀리 떨어진 곳에서는 아군과 적군의 병력이 비등하다면 싸움을 걸기가 어렵고, 막상 싸워도 이롭지 못할 것이다.

대체로 이 여섯 가지는 지리의 원칙이다. 이를 교묘하게 운용함이 장수의 중요한 책무이므로 잘 살펴야 하는 것이다.

孫子曰: 地形有通者, 有掛者, 有支者, 有隘者, 有險者, 有遠者.
손자왈 지형유통자 유괘자 유지자 유애자 유험자 유원자

我可以往, 彼可以來, 曰通. 通形者, 先居高陽, 利糧道以戰,
아가이왕 피가이래 왈통 통형자 선거고양 이량도이전

則利. 可以往, 難以返, 曰掛. 掛形者, 敵無備, 出而勝之,
즉리 가이왕 난이반 왈괘 괘형자 적무비 출이승지

敵若有備, 出而不勝, 難以返, 不利. 我出而不利, 彼出而不利,
적약유비 출이불승 난이반 불리 아출이불리 피출이불리

曰支. 支形者, 敵雖利我, 我無出也, 引而去之, 令敵半出而擊之,
왈지 지형자 적수리아 아무출야 인이거지 영적반출이격지

利. 隘形者, 我先居之, 必盈之以待敵. 若敵先居之, 盈而勿從,
이 애형자 아선거지 필영지이대적 약적선거지 영이물종

不盈而從之. 險形者, 我先居之, 必居高陽以待敵; 若敵先居之,
불영이종지 험형자 아선거지 필거고양이대적 약적선거지

引而去之, 勿從也. 遠形者, 勢均, 難以挑戰, 戰而不利.
인이거지 물종야 원형자 세균 난이도전 전이불리

凡此六者, 地之道也, 將之至任, 不可不察也.
범차육자 지지도야 장지지임 불가불찰야

손무는 이 장에서 여섯 가지 지형에 대해 논하고 있습니다.

첫째, 통형은 아군과 적군이 다 같이 자유로이 진격할 수 있는 곳입니다. 여기서는 먼저 높고 햇볕이 잘 드는 데를 차지하고 병참선을 확보해야 유리합니다.

둘째, 괘형은 경사지로서 아군이 그 위를 점거했다면 적을 치기에는 유리하나 후퇴하기에는 불리한 지형입니다. 이런 곳에서는 적의 방어 태세가 허술한 경우에만 공격할 수 있습니다.

셋째, 지형은 적군과 아군이 모두 진격에 불리한 지형으로, 예컨대 적군과 아군 진지의 중간 지점에 늪이나 하천이 있는 경우입니다. 이런 데서는 적의 유도 전술에 말려들지 말고 군대를 이끌고 철수하는 척하며 적을 유인한 후 공격하는 게 이롭습니다.

넷째, 애형은 출입구가 좁고 안쪽이 산과 낭떠러지로 둘러싸인 지형입니다. 만약 아군이 먼저 이를 점령하면 수비를 강화한 후 적의 공격을 기다려야 합니다. 적이 먼저 이를 차지했을 때는 그 수비가 허술해야만 공격할 수 있습니다.

다섯째, 험형은 매우 험준한 지형으로 지키기에는 유리하나, 공격하기에는 불리한 지형입니다. 여기서는 지대가 높고 양지바른 데를 점거한 후 적의 공격을 기다려야 합니다.

여섯째, 원형은 양쪽 모두 본국과 거리가 먼 곳에서 싸워야 할 경우를 말합니다. 이럴 때는 병참선이 길어져 군수물자의 조달에 어려움이 많으므로, 이 문제의 해결 여부가 승패를 좌우하게 됩니다.

# 장수의 허물로 인한 6가지 패배 유형

그러므로 군대에는 주병走兵, 이병弛兵, 함병陷兵, 붕병崩兵, 난병亂兵, 배병北兵이 있다. 이 여섯 가지는 천지의 재앙이 아니라 장수의 잘못에서 비롯된 것이다.

적군과 아군의 병력이 비슷한데도 1로써 10을 공격하는 것을 주병, 달아나는 군대라고 한다. 군사는 강하고 장수가 약한 것을 이병, 해이한 군대라고 한다. 장수는 강하고 군사가 약한 것을 함병, 결함이 있는 군대라고 한다. 장교들이 성내며 장수에게 복종치 않고 적을 만나면 홧김에 제멋대로 싸우는데 장수가 이런 실정을 알지 못하면 이를 붕병, 무너지는 군대라고 한다.

장수가 나약하여 위엄이 없고 군령이 분명치 못하며, 장교와 군사들이 침착하지 못해 그 진陣이 어지러운 것을 난병, 흩어지는 군대라고 한다. 장수가 적의 실정을 헤아리지 못해 소수의 무리로써 많은 병력과 싸우고 약한 군대로 강한 군대를 공격하며 앞장 설 정예부대가 없는 것을 배병, 패배하는 군대라고 한다.

대체로 이 여섯 가지는 전투에서 패배하는 원인이며, 이는 장수의 지극한 책무이니 잘 살펴야 하는 것이다.

故兵有走者, 有弛者, 有陷者, 有崩者, 有亂者, 有北者.
고병유주자 유이자 유함자 유붕자 유란자 유배자

凡此六者, 非天之災, 將之過也. 夫勢均, 以一擊十曰走.
범차육자 비천지재 장지과야 부세균 이일격십왈주

卒强吏弱曰弛. 吏强卒弱曰陷. 大吏怒而不服, 遇敵懟而自戰,
졸강리약왈이 이강졸약왈함 대리노이불복 우적대이자전

將不知其能曰崩. 將弱不嚴, 敎道不明, 吏卒無常,
장부지기능왈붕 장약불엄 교도불명 이졸무상

陳兵縱橫曰亂. 將不能料敵, 以少合衆, 以弱擊强,
진병종횡왈란 장불능료적 이소합중 이약격강

兵無選鋒曰北. 凡此六者, 敗之道也, 將之至任, 不可不察也.
병무선봉왈배 범차육자 패지도야 장지지임 불가불찰야

해설

지형 분석에 이어 여기서는 장수의 허물로 인한 여섯 유형의 패배를 거론하고 있습니다.

주병은 장수의 무모함에서 비롯되는 것이며, 이병은 햇병아리 장수가 백전노장의 부대원을 이끄는 격입니다. 함병은 군사들의 훈련이 덜 되었거나, 오합지졸을 모아 수만 늘려 놓은 군대와 비슷하다 할 것입니다.

붕병은 명령이 통하지 않는 상태, 그야말로 무너지기 직전의 군대를 말합니다. 난병은 장수가 적장을 정확히 이해하지 못할 경우 혹은 우유부단해 어느 한쪽으로 확실히 결정짓지 못하거나 복잡한 진법에 익숙하지 못해 잘못된 명령을 남발했다가 거두어들이는 상황을 뜻합니다.

배병은 몸을 돌려 뒤로 달아나는 것을 말합니다. 패배의 원인은 장수가 적의 상황을 파악하지 못해 적은 수로 다수와 대적하고, 약한 병력으로 강한 적을 공격하며, 또 선봉에 설 정예병이 없기 때문입니다.

# 지형은 싸움을 돕는 수단이다

무릇 지형은 싸움을 돕는 수단이 된다. 적의 실정을 헤아려 승리를 얻기 위해서는 지형의 험하고 막힘과 멀고 가까움을 잘 살펴야 하는데 이는 장수의 도리이다. 이를 알아 싸움에 응용하는 장수는 반드시 이기고, 이를 몰라 싸움에 응용치 못하는 장수는 반드시 패배한다. 그러므로 용병의 원리상 반드시 이길 수 있다면 군주가 싸우지 말라고 해도 싸워야 할 것이며, 용병의 원리상 확실히 이길 수 없다면 군주가 싸우라고 해도 싸우지 말아야 한다. 따라서 나아감에 명예를 추구하지 않고, 물러남에 죄를 피하지 않으며, 다만 백성을 편안하게 보전하여 군주를 이롭게 함이니, 이런 장수가 곧 나라의 보배인 것이다.

夫地形者, 兵之助也. 料敵制勝, 計險阨遠近, 上將之道也.
부 지 형 자 병 지 조 야 요 적 제 승 계 험 액 원 근 상 장 지 도 야

知此而用戰者必勝; 不知此而用戰者必敗. 故戰道必勝,
지 차 이 용 전 자 필 승 부 지 차 이 용 전 자 필 패 고 전 도 필 승

主曰無戰, 必戰可也; 戰道不勝, 主曰必戰, 無戰可也.
주 왈 무 전 필 전 가 야 전 도 불 승 주 왈 필 전 무 전 가 야

故進不求名, 退不避罪, 唯民是保, 而利合於主, 國之寶也.
고 진 불 구 명 퇴 불 피 죄 유 민 시 보 이 리 합 어 주 국 지 보 야

해설

지형이란 전투에서 보조적인 것이나 간과할 수 없는 것입니다. 상대를 알고, 이길 수 있는 확실한 방법을 세우며, 나아가 지형의 원근이나 그 험난한 것을 고려해야 합니다. 이 이치를 충분히 터득하고 싸움에 임하면 반드시 승리할 수 있습니다.

충분히 검토한 결과 승리를 장담할 수 있을 때는 군주가 싸우지 말라고 명령을 내려도 거역하고 싸워야 합니다. 반대로 승리의 가망이 없다고 판단되면 싸우라는 군주의 명에도 따르지 않아야 합니다.

진퇴에 있어서 명성을 찾지 않고, 처벌을 두려워하지 않으며, 민심을 편안하게 하고, 오직 나라의 이익에 부합하는 결과만을 추구하는 장수야말로 나라의 보배일 것입니다.

# 가깝지만 엄하게 대하라

군사들 보기를 어린아이같이 하라. 그러면 그들과 함께 험하고 깊은 골짜기에도 들어갈 수 있다. 군사들 보기를 사랑하는 자식같이 하라. 그러면 그들과 더불어 생사를 같이 할 수 있다.

그러나 군사들을 지나치게 후대하면 부릴 수 없고, 지나치게 사랑하면 명령을 내릴 수 없으며 혼란해도 다스리지 못할 것이다. 이는 말하자면 버릇없는 자식처럼 아무 쓸모가 없는 것이다.

視卒如嬰兒, 故可與之赴深谿; 視卒如愛子, 故可與之俱死.
시졸여영아 고가여지부심계 시졸여애자 고가여지구사

厚而不能使, 愛而不能令, 亂而不能治, 譬如驕子, 不可用也.
후이불능사 애이불능령 난이불능치 비여교자 불가용야

해설

손무는 장수가 군사들을 인간적이고 인격적으로 대우하면서 그들과 함께 전쟁할 것을 주문하고 있습니다. 장수가 인仁으로 대하면 군사들은 의義로 답하기 마련입니다. 그러나 지나치게 너그럽게 대하면 명령에 따르지 않고 군기도 해이해져 마치 되바라진 자식처럼 변합니다. 즉 그들을 어떻게 대하느냐가 훈련의 성과를 좌우하게 되는 것입니다.

# 적을 알고 나를 알고 지형을 알아야 한다

우리 군사가 공격할 능력이 있다는 것만을 알고 적에게 이를 막아낼 능력이 있음을 알지 못한다면 이길 확률은 절반이다.

적에게 공격할 만한 약점이 있음을 알아도 우리 군사가 이를 공격할 능력이 없음을 알지 못한다면 이길 확률은 절반이다.

적에게 공격할 만한 약점이 있음을 알고 우리 군사가 이를 공격할 능력이 있음을 알아도 지형이 불리하다는 것을 알지 못한다면 이길 확률은 절반이다.

知吾卒之可以擊, 而不知敵之不可擊, 勝之半也;
지 오 졸 지 가 이 격　이 부 지 적 지 불 가 격　승 지 반 야

知敵之可擊, 而不知吾卒之不可以擊, 勝之半也;
지 적 지 가 격　이 부 지 오 졸 지 불 가 이 격　승 지 반 야

知敵之可擊, 知吾卒之可以擊, 而不知地形之不可以戰,
지 적 지 가 격　지 오 졸 지 가 이 격　이 부 지 지 형 지 불 가 이 전

勝之半也.
승 지 반 야

장수된 이는 싸움에 앞서 아군의 실력과 적의 실정을 제대로 파악해야만 합니다. 이를 바탕으로 아군에게 불리한 지형을 멀리하고, 유리한 곳에서 싸운다면 승리할 수 있습니다.

지형이 전투에 불리한지의 여부를 헤아리지 못하는 장수는 군사들을 사지로 이끌 뿐입니다.

# 천시와 지리를 알아야 승리를 지킨다

그러므로 용병을 아는 이는 움직임에 주저함이 없고 군사를 일으켜도 궁지에 몰리지 않을 것이다. 따라서 적을 알고 아군을 알면 승리는 위태롭지 않고, 천시天時를 알고 지리地利를 알면 승리는 언제나 온전할 것이다.

故知兵者, 動而不迷, 擧而不窮. 故曰: 知彼知己, 勝乃不殆,
고지병자 동이불미 거이불궁 고왈 지피지기 승내불태

知天知地, 勝乃可全.
지천지지 승내가전

마지막의 '지피지기知彼知己, 지천지지知天知地'는 손무가 말하는 병법론의 핵심입니다. 여기서 말하는 '지地'란 지형에 국한되는 것이 아니라 해당 전쟁의 지형과 상황, 주변 제후국의 정황과 적장의 심리까지 모두 포괄하는 것으로, 전장을 둘러싼 모든 상황을 알아야 함을 가리키는 말입니다.

제 11 편

# 구지九地

# 전쟁터에 따라 다른 작전을 구사하라

<구지九地> 편에서는
공격 작전의 변화에 따라 전쟁터를 아홉 종류로 분류하고
그 지역의 특성과 그에 맞는 작전 변화의 원칙을 논하고 있습니다.
더불어 적의 약점을 이끌어내고 주도권을 쟁취하며
빈틈을 찌르고 빠르게 공격할 것을 거듭 강조합니다.

빅데이터 시대에 10대가 꼭 알아야 할
손자병법

# 전쟁터에 따른 용병법 9가지

손자가 말하였다.

지형에 따라 용병하는 방법에는 산지散地, 경지輕地, 쟁지爭地, 교지交地, 구지衢地, 중지重地, 비지圮地, 위지圍地, 사지死也가 있다.

제후가 자신의 영토 안에서 싸우는 것을 산지라 한다. 적의 땅에 침입했어도 깊이 들어가지 않으면 이를 경지라 한다. 아군이 차지해도 유리하고 적군이 차지해도 유리한 곳을 쟁지라 한다.

아군이 갈 수도 있고 적군이 올 수도 있는 데를 교지라 한다. 접전이 이루어지는 곳이 제3국과 국경을 맞대고 있어 먼저 도착하는 쪽이 제3국의 지원을 받을 수 있는 곳을 구지라 한다. 적의 영토에 깊숙이 쳐들어가 많은 성과 고을을 등지는 곳을 중지라 한다.

산림, 험준한 땅, 늪지대 등이 있어 행군하기 어려운 곳을 비지라 한다. 들어가는 길이 좁아서 돌아올 때에는 우회해야 하며, 적이 적은 수로도 우리의 많은 병력을 칠 수 있는 곳을 위지라 한다. 죽기를 각오하고 싸우면 살아남지만 그러지 않으면 섬멸당하는 곳을 사지라 한다.

따라서 산지에서는 싸우지 말고, 경지에서는 주둔하지 말며, 쟁지에서는 공격하지 말아야 한다. 교지에서는 부대 간의 연락이 끊겨서는 안 되며, 구지에서는 제3국과의 외교를 돈독히 하고, 중지에서는 물자를 현지 조달해야 한다. 비지에서는 빨리 통과하고, 위지에서는 계략으로 벗어나며, 사지에서는 오직 목숨을 걸고 싸워야 한다.

孫子曰: 用兵之法, 有散地, 有輕地, 有爭地, 有交地,
손 자 왈 용 병 지 법 유 산 지 유 경 지 유 쟁 지 유 교 지

有衢地, 有重地, 有圮地, 有圍地, 有死地.
유 구 지 유 중 지 유 비 지 유 위 지 유 사 지

諸侯自戰其地者, 爲散地. 入人之地而不深者, 爲輕地.
제 후 자 전 기 지 자 위 산 지 입 인 지 지 이 불 심 자 위 경 지

我得亦利, 彼得亦利者, 爲爭地. 我可以往, 彼可以來者, 爲交地.
아 득 즉 리 피 득 역 리 자 위 쟁 지 아 가 이 왕 피 가 이 래 자 위 교 지

諸侯之地三屬, 先至而得天下之衆者, 爲衢也. 入人之地深,
제 후 지 지 삼 촉 선 지 이 득 천 하 지 중 자 위 구 지 입 인 지 지 심

背城邑多者, 爲重地. 行山林險阻沮澤, 凡難行之道者, 爲圮地.
배 성 읍 다 자 위 중 지 행 산 림 험 조 저 택 범 난 행 지 도 자 위 비 지

所由入者隘, 所從歸者迂, 彼寡可以擊吾之衆者, 爲圍地.
소 유 입 자 애 소 종 귀 자 우 피 과 가 이 격 오 지 중 자 위 위 지

疾戰則存, 不疾戰則亡者, 爲死地.
질 전 즉 존 부 질 전 즉 망 자 위 사 지

是故散地則無戰, 輕地則無止, 爭地則無攻, 交地則無絶,
시 고 산 지 즉 무 전 경 지 즉 무 지 쟁 지 즉 무 공 교 지 즉 무 절

衢地則合交, 重地則掠, 圮地則行, 圍地則謀, 死地則戰.
구 지 즉 합 교 중 지 즉 략 비 지 즉 행 위 지 즉 모 사 지 즉 전

지형은 전투의 보조 수단입니다. 손무는 그것을 아홉 가지로 구분하여 적절한 작전을 구사하라고 말하고 있습니다.

군사들은 싸움터의 지형적 조건에 따라 미묘한 심리적 변화를 보이게 됩니다. 예컨대 산지나 경지에서는 가족이나 고국에 대한 생각으로 제대로 싸우지 못하는 경우가 있습니다. 그러나 사지에 놓이게 되면 죽을 힘을 다해 싸우게 됩니다.

그러므로 장수된 이는 지형과 군사들의 심리적 움직임의 상관관계를 잘 살펴 전투력 발휘에 차질이 없도록 해야 할 것입니다.

# 적을 분열시켜라

이른바 옛날부터 전술에 뛰어난 이는 적군의 전후방이 서로 연락이 닿지 못하게 하고, 대부대와 소부대가 서로 협력하지 못하게 하며, 상급 부대와 하급 부대가 서로 지원하지 못하게 하고, 장수와 군사가 서로 돕지 못하게 하며, 군사들을 흩어지게 하여 모이지 못하게 했으며, 집합해도 질서정연하지 못하게 했다. 그리고 아군의 조건이 유리하면 움직이고, 불리하면 움직이지 않았던 것이다.

所謂古之善用兵者, 能使敵人前後不相及, 衆寡不相恃,
소위고지선용병자 능사적인전후불상급 중과불상시
貴賤不相救, 上下不相扶, 卒離而不集, 兵合而不齊.
귀천불상구 상하불상수 졸리이부집 병합이부제
合於利而動, 不合於利而止.
합어리이동 불합어리이지

이 문장은 일종의 분열 공작에 대해 설명하고 있습니다.

그 핵심은 적을 분산시키고 아군은 집중 공격하여 각개 격파하는 데 있습니다. 그리고 적의 선두 부대와 후속 부대의 연결을 끊고, 적의 주력 부대와 지원 부대의 연계를 가로막으며, 적의 군사들 사이에 불신과 의심을 조성하여 뿔뿔이 흩어지게 만듭니다.

장수와 전투 군사 사이의 거리를 떼어 연락하지 못하게 만들며, 병력을 분산시키고, 집결했다 하더라도 전투력이 집중되지 못하게 만드는 것이지요.

또 전쟁 시기의 유리함과 불리함에 대한 식별이 날카로워 유리하다고 판단되면 지체 없이 움직이고, 불리하다고 판단되면 자중하여 꼼짝도 하지 않는 태세를 잘 분간하여 명령을 내려야 합니다.

# 빈틈을 공격해 기선을 제압하라

감히 묻건대 "적군이 정비된 대군으로 장차 공격해 온다면 어떻게 대처할 것인가?" 대답하기를 "그들이 중시하는 적의 요충지를 먼저 빼앗아 기선을 제압하면 그 뜻대로 될 것이다."

예컨대 용병은 신속함을 우선으로 해야 한다. 적이 대비하지 못한 빈틈을 타서 미처 예상하지 못한 방법으로 적이 경계하지 못한 곳을 공격하는 것이다.

敢問: "敵衆整而將來, 待之若何?" 曰: "先奪其所愛, 則聽矣."
감문 적중정이장래 대지약하 왈 선탈기소애 즉청의

兵之情主速, 乘人之不及, 由不虞之道, 攻其所不戒也.
병지정주속 승인지불급 유불우지도 공기소불계야

**해설**

적이 공격해 오면 전략적 요충지, 식량 창고, 탄약고, 보급로 등 그들이 가장 지키려고 하는 곳을 탈취하라는 것입니다. 이는 정신적 충격을 주어 상대를 심리적으로 동요시키는 것이 목적입니다. 그 틈을 파고들어 상대의 정연함에 혼란을 주라는 것이지요.

# 적지에 들어가 싸우는 법

무릇 적의 영토에 들어가서 싸우게 될 경우에는 깊이 쳐들어가면 아군이 싸움에 전념하게 되어 그 나라의 군대는 이겨 내지 못한다. 풍요한 들판을 약탈하여 삼군의 식량이 넉넉해지면 삼가 군대를 보양하고 피로하지 않도록 하며, 사기를 떨치게 하고 그 힘을 축적한다.

군사를 움직이고 계략을 쓰는 데 있어서는 적들이 헤아리지 못하게 하고, 군대를 벗어날 수 없는 데로 몰아넣으면 싸우다 죽는 한이 있어도 달아나지 않는다. 목숨이 위태롭게 되면 어찌 군사들이 힘을 다하지 않겠는가? 군사들은 위험한 지경에 빠지게 되면 오히려 두려워하지 않고, 달아날 데가 없으면 서로 굳게 단결하며, 적지에 깊이 들어가면 결집되어 부득이 싸울 수밖에 없는 것이다.

그러므로 그 군사들은 훈련을 하지 않아도 자신이 알아서 경계하고, 요구하지 않아도 분투할 것이며, 권하지 않아도 서로 친밀해지고, 명령을 내리지 않아도 규율을 지킨다. 길흉에 대한 예언을 금하고 의심과 두려움을 없애면 죽는 한이 있어도 싸움터를 떠나지 않을 것이다.

우리 군사들이 여분의 재물이 없음은 재물을 싫어해서가 아니며, 삶에 집착하지 않음은 오래 살기 싫어서가 아니다. 출전 명령이 내려오는 날에 앉아 있는 군사는 눈물이 옷깃을 적시고, 누워 있는 군사는 눈물이 턱 밑으로 흐르게 된다. 그러나 군사들은 더 이상 갈 데가 없는 전쟁터에 던져지면, 저 옛날 용맹스러운 전제專諸나 조귀曹劌처럼 결사적으로 싸우게 되는 것이다.

凡爲客之道, 深入則專, 主人不克. 掠於饒野, 三軍足食.
범위객지도 심입즉전 주인불극 약어요야 삼군족식

謹養而勿勞, 幷氣積力, 運兵計謀, 爲不可測.
근양이물로 병기적력 운병계모 위불가측

投之無所往, 死且不北. 死焉不得, 士人盡力. 兵士甚陷則不懼,
투지무소왕 사차불배 사언부득 사인진력 군사심함즉불구

無所往則固, 深入則拘, 不得已則鬪.
무소왕즉고 심입즉구 부득이즉투

是故其兵不修而戒, 不求而得, 不約而親, 不令而信.
시고기병불수이계 불구이득 불약이친 불령이신

禁祥去疑, 至死無所之.
금상거의 지사무소지

吾士無餘財, 非惡貨也; 無餘命, 非惡壽也. 令發之日,
오사무여재 비오화야 무여명 비오수야 영발지일

士卒坐者涕霑襟, 偃臥者淚交頤. 投之無所往者,
사졸좌자체점금 언와자체교이 투지무소왕자

諸劌之勇也.
제귀지용야

전제는 춘추시대 말엽 오나라의 협객입니다. 기원전 515년, 의형제를 맺은 오자서伍子胥의 사주를 받고 당시 오나라 왕 요僚를 죽이기로 결심하였습니다. 그리하여 연회석에 생선 요리를 바치면서 생선 뱃속에 감추었던 단검을 꺼내 오나라 왕을 찔러 죽이고 현장에서 호위병들에게 죽임을 당했습니다.

이후 오자서는 공자公子 광光을 추대하였는데, 이 사람이 바로 합려이며, 오나라 왕 합려는 손무를 등용하여 오나라를 마침내 강대국으로 일으켜 세운 바 있습니다.

조귀는 춘추시대 노나라의 용사로서, 기원전 684년 장작長勺 전투에서 제나라를 쳐부수고 승리를 거둔 인물입니다.

노나라 장공莊公이 제나라 환공桓公에게 3전 3패를 당한 뒤 강제로 문양 땅을 빼앗기자, 두 군주가 협정을 맺는 자리에 뛰어들어 칼로 환공을 위협해 빼앗긴 영토를 반환하겠다는 맹세를 시켰다는 일화가 있습니다.

전제나 조귀는 모두 벗어날 길이 없는 전쟁터에 던져지거나, 죽을 것이 뻔한 적진에 가서 적장의 목에 칼을 들이대고 용맹하게 싸운 인물의 예로 꼽힙니다.

군사들을 달아날 수 없는 장소에 몰아넣고 결사적으로 싸우게 하여 승리한 예로는 한신韓信의 정형井陘 전투를 들 수 있습니다.

당시 조나라 임금과 성안군 진여陳餘는 한나라 군사를 막기 위해 20만 대군으로 정형구井陘口에 진을 쳤습니다. 작전회의에서 광무군 이좌거李左車가 이렇게 말했습니다.

"한나라 장수 한신은 장이와 함께 조나라를 정복하려고 합니다. 한신은 위나라 임금을 사로잡고 알여를 피바다로 만든 여세를 몰아 쳐들어오는지라 그 예봉을 꺾기가 힘듭니다. 제가 듣기로는 천리 먼 곳에서 군량을 실어 보내게 되면 운반이 어려워 군사들이 굶주리게 되고, 풀을 베어 밥을 짓게 되면 배불리 먹을 수 없다고 했습니다.

원래 정형으로 통하는 길은 좁아 수레 두 대가 나란히 지나갈 수 없는 실정입니다. 그러니 물자 수송에 어려움이 따를 수밖에 없습니다. 저에게 3만 명의 군사를 주시면 샛길로 나아가 적의 물자 보급을 차단시키겠습니다. 그동안 장군께서는 도랑을 깊이 파고 벽을 높여 지키기만 하고 싸우지는 마십시오.

이렇게 하면 적군은 나아가 싸울 수도 없고 뒤로 물러날 수도 없는 처지가 됩니다. 제가 그들의 뒤를 차단하고, 약탈을 허용치 않으면 열흘이 못 되어 한신과 장이의 목을 벨 수 있습니다."

본시 고지식한 선비로 계략을 싫어했던 성안군은 이렇게 말했습니다.

"지금 한신의 군대는 수만 명이라고 일컬어지고 있지만 사실은 수천 명에 지나지 않소. 더구나 그들은 먼 곳에서 방금 쳐들어왔으므로 지쳐 있을 게 틀림없소. 이런 적을 정면으로 맞아 싸우지 않는다면 큰 적을 만나게 되었을 때 어찌 당해 낼 수 있겠소."

성안군 진여는 이좌거의 계략을 쓰지 않았습니다. 첩자가 이 사실을 보고하자 한신은 회심의 미소를 지으며 군사들을 이끌고 정형구에서 30리쯤 떨어진 곳에 진을 쳤습니다.

그날 밤 한신은 전군에 출동 명령을 내리며 기병 2천 명에게 붉은 기를 주어 산속에 숨어 있도록 하고 이렇게 명했습니다.

"조나라 군사들은 아군이 패하여 달아나면 반드시 진지를 비운 채 추격해 올 것이다. 너희들은 그때 조나라의 텅 빈 진지로 들어가 그들의 깃발을 뽑아내고 우리 깃발을 세우도록 하라."

그러고 나서 한신은 1만 명을 먼저 출발시키고 강을 등진 채 진을 치게 했습니다.

동틀 무렵 한신의 본대는 깃발을 세우고 북을 치면서 정형구를 나섰고, 조나라 군대가 나와서 이들과 치열한 접전을 벌였습니다. 그리고 거짓으로 패한 체하며 깃발을 버리고 강가의 진지로 달아났습니다. 그러자 조나라 군사들은 진지를 비운 채 뒤쫓아 왔습니다.

강기슭에 이른 한나라 군대는 앞서 배수진을 친 아군과 합세하여 조나라 군대에 반격을 가했습니다. 한편 한신이 숨겨 둔 2천 명의 기습 부대는 조나라 군대의 텅 빈 진지로 들어가 한나라 깃발을 꽂았습니다.

조나라 군사들은 목숨을 내놓고 싸우는 한나라 군사들을 이겨 내지 못한 채 진지로 돌아가려고 했습니다. 그러나 그곳에는 한나라의 깃발이 펄럭이고 있었습니다.

이에 그들은 한나라 군대가 조나라 장수들을 모조리 생포한 것으로 알고 앞다투어 달아났습니다. 이리하여 한나라 군사들은 조나라 군사들을 양쪽에서 쳐서 크게 무찔렀습니다.

이 싸움에서 조나라 임금은 포로가 되고 성안군 진여는 죽음을 당합니다. 그리고 한신은 사로잡힌 광무군 이좌거를 극진히 대접하며 스승으로 모십니다. 승리를 축하하는 자리에서 장수들이 한신에게 물었습니다.

“장군께서는 병법과는 달리 강물을 등지고 진을 치게 하여 승리하셨습니다. 저희들은 이를 이해할 수가 없습니다.”

한신이 대답하였습니다.

“병법에 죽을 곳에 몰아넣은 후에야 살게 된다고 했다. 군사들은 위태로운 장소에 놓아 두어야 스스로 살기 위해 악착스레 싸우게 된다. 그들을 살 수 있는 곳으로 투입하면 모두 달아나게 될 것이다.”

한신은 군사들이 죽기를 각오하고 싸울 수 있는 상황으로 몰아넣고 승리를 이끈 것입니다.

# 상산의 뱀처럼 군사들을 부려라

그러므로 용병에 뛰어난 이는 비유컨대 솔연率然과 같다. 솔연은 상산常山의 뱀으로 그 머리를 치면 꼬리가 달려들고, 그 꼬리를 치면 머리가 달려들며, 그 허리를 치면 머리와 꼬리가 한꺼번에 달려드는 것이다.

감히 묻기를 군사들을 솔연처럼 부릴 수 있는가? 할 수 있다. 오나라 사람과 월나라 사람은 본시 서로 미워하는 사이이다. 그러나 그들이 함께 배를 타고 강을 건너다가 폭풍우를 만나면 서로 돕기를 한 몸에 붙은 좌우의 손처럼 할 것이다.

故善用兵者, 譬如率然, 率然者, 常山之蛇也. 擊其首則尾至,
고 선 용 병 자 비 여 솔 연 솔 연 자 상 산 지 사 야 격 기 수 즉 미 지

擊其尾則首至, 擊其中則首尾俱至.
격 기 미 즉 수 지 격 기 중 즉 수 미 구 지

敢問 "兵可使如率然乎?" 曰 "可." 夫吳人與越人相惡也,
감 문 병 가 사 여 솔 연 호 왈 가 부 오 인 여 월 인 상 오 야

當其同舟而濟遇風, 其相救也, 如左右手.
당 기 동 주 이 제 우 풍 기 상 구 야 여 좌 우 수

대대로 싸움을 이어와 서로 적개심이 강한 오나라와 월나라 사람도 한 배를 타고 가다가 풍랑을 만나게 된다면 서로 도울 것이 틀림없습니다. 마찬가지로 적지에 투입된 군대도 위급한 처지에 놓이게 되면 단결하여 목숨을 걸고 싸웁니다. 이런 군대는 기대 이상의 전투력을 발휘할 수 있습니다. 장수 된 이는 이와 같은 인간의 심리를 용병에 활용할 줄 알아야 합니다.

# 모든 군사가 한 몸처럼 움직여야 한다

따라서 말을 나란히 매어 놓거나 수레의 바퀴를 묻어 놓아도 믿을 게 못 된다.

모든 군사를 하나같이 용감하게 만드는 것은 통솔하는 방법에 달렸다. 또한 강한 자와 약한 자를 한결같이 부릴 수 있음은 지형의 이치를 활용하기 때문이다.

그러므로 용병에 능한 이가 한 사람의 손을 이끌듯이 군대를 움직임은 그렇게 할 수밖에 없도록 지휘하기 때문이다.

是故方馬埋輪, 未足恃也.
시 고 방 마 매 륜 미 족 시 야

齊勇若一, 政之道也, 剛柔皆得, 地之理也.
제 용 약 일 정 지 도 야 강 유 개 득 지 지 리 야

故善用兵者, 携手若使一人, 不得已也.
고 선 용 병 자 휴 수 약 사 일 인 부 득 이 야

일치협력 태세라는 것은 군마를 일렬로 세워서 고삐를 서로 묶어 놓는다거나 병거兵車의 바퀴를 땅에 파묻어서 멋대로 움직이지 못하게 하는 것처럼 강압적으로 형태만 갖춰 놓았다고 안심할 수 있는 성격의 것이 아닙니다.

용감한 사람은 앞으로 나아가고 약한 사람은 꽁무니를 빼는 것을 없애고, 전체를 한 몸같이 만드는 것은 오로지 군정의 힘입니다. 아군이 하나 되어 응집하는 것은 적을 흩어지게 하며 승리하기 위한 전제가 됩니다.

이런 심리적인 문제를 고려하는 장수만이 전쟁을 승리로 이끌 수 있습니다.

## 군사들이 장수의 계획을 알아채지 못하게 하라

장수는 군대를 통솔하면서 침착하고 조용하며, 엄정하고 조리가 있어야 한다. 군사들의 눈과 귀를 어리석게 만들어 그들로 하여금 작전 의도를 파악하지 못하게 하고, 아군의 작전 계획이나 변경을 군사들이 알아채지 못하게 해야 한다. 주둔지를 옮기거나 행군로를 돌아갈 때도 군사들이 이를 알게 해서는 안 된다.

장수가 군사들과 함께 결전을 벌이고자 한다면 마치 높은 곳에 올려놓고 사다리를 치워 버리는 것처럼 해야 하며, 적지에 깊숙이 들어가면 군사들을 마치 활을 떠난 화살처럼 오로지 전진만 하도록 해야 한다.

배를 불사르고 솥단지를 깨뜨려 필사의 결의를 보이며, 양떼를 몰듯 군사들을 휘몰아 전진하기도, 후퇴하기도 하면서 군사들이 뒤따르기만 할 뿐 어디로 가는지 방향을 알지 못하게 해야 한다. 삼군을 절체절명의 궁지에 몰아넣고, 그들로 하여금 결사적으로 싸우게 만드는 것이 바로 장수의 임무이다.

아홉 가지 지형의 변화에 따른 전진과 후퇴의 판단, 그리고 군사들의 정서와 심리를 세심히 파악해야 한다.

將軍之事, 靜以幽, 正以治. 能愚士卒之耳目, 使之無知. 易其事,
장군지사 정이유 정이치 능우사졸지이목 사지무지 역기사

革其謀, 使人無識. 易其居, 迂其途, 使人不得慮.
혁기모 사인무식 역기거 우기도 사인부득려

帥與之期, 如登高而去其梯. 帥與之深入諸侯之地, 而發其機,
수여지기 여등고이거기제 수여지심입제후지지 이발기기

焚舟破釜, 若驅群羊, 驅而往, 驅而來, 莫知所之. 聚三軍之衆,
분주파부 약구군양 구이왕 구이래 막지소지 취삼군지중

投之於險, 此謂將軍之事也.
투지어험 차위장군지사야

九地之變, 屈伸之利, 人情之理, 不可不察也.
구지지변 굴신지리 인정지리 불가불찰야

**해설**

아무리 완벽한 작전이라 하더라도 사전에 누설되면 일을 그르칠 수밖에 없습니다. 따라서 장수 된 이는 작전의 보안, 유지에 남다른 수완을 지녀야 합니다.

또한 군사들을 도주할 수 없는 곳으로 몰아넣은 후 결사적으로 싸우도록 유도하고, 신속하고 과감한 용병술로 적군을 제압해야 합니다.

장수는 지형에 대한 정확한 지식을 보유하고 진격과 후퇴에 따르는 이익과 손실, 그리고 인간 심리에 대해 예리한 통찰력을 지녀야 합니다.

# 지형에 따라 군사들의 심리를 다루는 법

무릇 남의 나라에 침입할 경우, 깊숙이 들어가면 군사들이 단결하고, 국경 가까이로만 조금 들어가면 그들의 마음은 분산되어 흐트러진다.

자기 나라를 떠나 국경을 넘어서 군대를 움직이는 것은 '절지絶地'에 놓이는 것을 뜻함이요, 사방으로 통하는 곳은 '구지衢地'가 된다. 적지로 깊이 들어가면 '중지重地'요, 얕게 들어가면 '경지輕地'가 된다. 등 뒤로는 험준한 산악으로 막혀 있고, 앞으로는 좁은 길이 놓여 있으면 '위지圍地'요, 도망할 길이 없으면 '사지死地'가 된다.

따라서 '산지散地'에서는 군사들의 의지가 하나로 뭉치도록 하고, '경지'에서는 아군끼리 연락을 긴밀히 하여야 한다. '쟁지爭地'에서는 적의 배후로 달려가 공격하고, '교지交地'에서는 수비에 허점이 없도록 한다.

'구지'에서는 제3국과의 유대를 단단히 다져야 하고, '중지'에서는 군량 보급이 이어지도록 한다. '비지圮地'에서는 행군을 재촉하며, '위지'에서는 도주할 틈을 막아야 한다. 또한 '사지'에서는 군사들에게 살 수 없음을 보이고 결사적으로 싸우게 해야 한다.

군사들의 심리는 포위를 당하면 방어에 전력을 다하게 되고, 상황이 절박해지면 목숨을 걸고 싸우며, 위기에 몰리게 되면 명령을 따르는 것이다.

凡爲客之道, 深則專, 淺則散.
범 위 객 지 도 심 즉 전 천 즉 산

去國越境而師者, 絶地也; 四達者, 衢地也; 入深者, 重地也;
거 국 월 경 이 사 자 절 지 야 사 달 자 구 지 야 입 심 자 중 지 야

入淺者, 輕地也; 背固前隘者, 圍地也; 無所往者, 死地也.
입 천 자 경 지 야 배 고 전 애 자 위 지 야 무 소 왕 자 사 지 야

是故散地, 吾將一其志; 輕地, 吾將使之屬; 爭地, 吾將趨其後;
시 고 산 지 오 장 일 기 지 경 지 오 장 사 지 촉 쟁 지 오 장 추 기 후

交地, 吾將謹其守; 衢地, 吾將固其結; 重地,
교 지 오 장 근 기 수 구 지 오 장 고 기 결 중 지

吾將繼其食; 圮地, 吾將進其途; 圍地, 吾將塞其闕;
오 장 계 기 식 비 지 오 장 진 기 도 위 지 오 장 색 기 궐

死地, 吾將示之以不活.
사 지 오 장 시 지 이 불 활

故兵之情圍則禦, 不得已則鬪, 過則從.
고 병 지 정 위 즉 어 부 득 이 즉 투

'산지'는 자국에서 싸우는 것이므로 불안을 해소하고 군사들의 마음을 하나로 단결시키는 데 주력해야 합니다. 오랫동안 전쟁을 하게 되면 군사들은 집과 고향 생각으로 마음이 흐트러지기 때문입니다.

'경지'에서는 적국 깊숙이 들어가지 않은 곳이라 가능한 주둔하지 말고 신속히 이동해야 하는데, 이는 군사들이 전쟁을 두려워할 가능성과 사기가 떨어질 우려가 있기 때문입니다.

'쟁지'는 전쟁에서 반드시 차지해야 하는 곳으로 적의 뒤쪽으로 돌아가 후방을 공격하거나 교란시키는 것이 중요합니다. '교지'에서는 수비를 견고히 하는 것이 중요합니다. '구지'는 중심 지역으로, 사절단을 보내 이웃나라와의 외교력에 힘을 쏟아야 합니다.

'중지'에서는 식량 등 군수물자를 확보하는 것이 중요하고, '비지'에서는 신속히 이동해 벗어나야 합니다. 그리고 '위지'에서는 퇴로가 없다는 생각으로 죽음을 각오하고 싸워야 합니다.

손무가 가장 중시한 '사지'에서는 적을 전멸시키지 않으면 모두 죽는다는 상황을 인식시켜 군사들이 필사적으로 싸움에 임하게 해야 합니다. 죽기를 각오하고 싸운다면 승리할 수 있기 때문입니다.

이상은 기본적으로 군사들의 심리를 활용한 용병술입니다.

# 패왕의 군대가 되려면

따라서 제후들의 계책을 알지 못하는 자는 미리 외교를 펼칠 수 없으며, 산림, 험준한 지역, 늪지대 등과 같은 지형을 알지 못하면 행군할 수 없고, 지형을 잘 아는 그 지역의 길라잡이를 활용하지 않으면 지형의 이로움을 얻을 수가 없다. 이 아홉 가지 중 어느 곳 하나라도 알지 못하면 패왕의 군대가 될 수 없다.

무릇 패왕의 군대가 강대국을 정벌하면 그 적국은 아무리 강대하다 할지라도 병력을 미처 동원하지 못하고, 위엄으로 적국이 다른 나라와 동맹을 맺지 못하게 만든다. 이 때문에 천하 제후들과의 외교를 다투지 않고, 천하의 권력을 장악하려고 하지 않으며, 자신만의 소신을 펼쳐 적에게 위세를 가하면 그 성을 함락시킬 수도 있고, 그 나라를 무너뜨릴 수도 있다.

是故不知諸侯之謀者, 不能豫交. 不知山林險阻沮澤之形者,
시고부지제후지모자 불능예교 부지산림험조저택지형자

不能行軍. 不用鄕導者, 不能得地利. 四五者, 不知一,
불능행군 불용향도자 불능득지리 사오자 부지일

非霸王之兵也.
비패왕지병야

夫霸王之兵, 伐大國, 則其衆不得聚; 威加於敵, 則其交不得合.
부 패 왕 지 병 벌 대 국 즉 기 중 부 득 취 위 가 어 적 즉 기 교 부 득 합

是故不爭天下之交, 不養天下之權, 信己之私, 威加於敵,
시 고 부 쟁 천 하 지 교 불 양 천 하 지 권 신 기 지 사 위 가 어 적

故其城可拔, 其國可隳.
고 기 성 가 발 기 국 가 타

해설

군대를 동원할 때 전장의 상황을 파악하는 것이 얼마나 중요한지를 설명하고 있습니다. 전략 전술을 펼칠 때 가장 중요한 것이 지형에 대한 숙지입니다. 해당 지역을 잘 알고 있는 길라잡이를 이용해 모든 상황을 파악하는 것이 승리의 필요조건인 셈입니다.

거시적으로 본다면 제후국의 전략과 그 형세 및 외교 상황 등을 알아야 하고, 특히 지형에 대한 파악 및 세부적인 작전계획 수립 등이 모두 '패왕지병霸王之兵'이 되기 위한 필수불가결한 요소임을 이야기하고 있습니다. '패왕지병'이란 패자와 왕자의 군대를 의미하는 것으로 '패자霸者'는 무력으로 천하 백성을 다스리는 군주이고, '왕자王者'는 덕으로 천하 백성을 복종하게 만드는 군주를 뜻합니다.

# 물러날 곳이 없어야 죽음을 무릅쓰고 싸운다

장수가 관례를 깨뜨리는 포상을 하기도 하고, 군정에도 없는 명령을 내리면 전군을 마치 한 사람 다루듯 할 수 있다.

그들을 통제함에 있어 일로써 하고 말로써 전해 주지 않으며, 유리한 점을 들어 격려하되, 닥칠 위험이나 불리한 점을 미리 알려서는 안 된다. 군대란 멸망할 땅에 집어넣은 후에 생존하게 되고, 죽을 땅에 빠지게 한 이후에 살아나게 된다. 무릇 군대는 위험에 빠진 연후에 능히 승패를 결정지을 수 있다.

용병술의 미묘함은 먼저 적의 뜻대로 움직이는 듯이 보이며 적을 기만한 다음, 아군의 힘을 한곳에 집중시켜 적의 빈틈을 집중 공격하는 데 있다. 이렇게 하면 천 리 밖에 있는 적장을 사로잡거나 죽일 수 있으니 그야말로 '교묘한 능력으로 큰일을 이룩하였다'고 말할 수 있는 것이다.

施無法之賞, 縣無政之令, 犯三軍之衆, 若使一人.
시 무 법 지 상 현 무 정 지 령 범 삼 군 지 중 약 사 일 인

犯之以事, 勿告以言. 犯之以利, 勿告以害. 投之亡地, 然後存;
범 지 이 사 물 고 이 언 범 지 이 리 물 고 이 해 투 지 망 지 연 후 존

陷之死地, 然後生, 夫衆陷於害, 然後能爲勝敗.
함 지 사 지 연 후 생 부 중 함 어 해 연 후 능 위 승 패

故爲兵之事, 在於順詳敵之意, 幷敵一向, 千里殺將,
고 위 병 지 사 재 어 순 상 적 지 의 병 적 일 향 천 리 살 장

此謂巧能成事者也.
차 위 교 능 성 사 자 야

해설

전쟁터에서는 정세에 따라 그때그때 적당한 상을 주거나, 평시 같으면 위법인 것도 눈감아 주는 등 군사들의 사기를 위해 유동적으로 법을 이끌어야 합니다. 이렇게 해야 많은 군대를 자기 수족같이 자유롭게 움직일 수 있습니다.

전쟁터에서는 설명도, 변명도, 교훈도 필요 없이 오직 행위로써 전달하며, 아군들의 귀에 전투의 유리한 면만 들어가게 해야 합니다. 또한 군사들은 사면초가의 상태에 빠져, 사느냐 죽느냐 하는 절체절명의 순간이 닥치면 치열함이 생기는 것이니 오히려 거기에서 활로가 생길 수 있습니다.

# 처녀처럼, 토끼처럼

그러므로 적국과의 전쟁이 결정되면, 국경의 관문을 봉쇄하고 통행증을 폐기하며 사신이 왕래하지 못하게 한다. 조정에서는 힘을 기울여 전략 전술에 대해서 신중하게 검토한다. 그리고 일단 적이 허점을 드러내면 기회를 잡아 신속하게 침공한다. 먼저 적이 가장 중요하게 여기는 요충지를 기습 점령한 다음, 적의 행동이나 정세 변화에 따라서 전술을 바꿔 전쟁의 승패를 결정짓는다.

그러므로 전투가 시작되기 전까지는 처녀처럼 조용하고 침착하고 조심하여 적의 경계심을 늦추어 문을 열게 만들고, 전투가 시작되면 마치 덫에서 벗어난 토끼처럼 재빠르게 출격하여 적이 미처 저항하지 못하게 만든다.

是故政擧之日, 夷關折符, 無通其使; 厲於廊廟之上, 以誅其事.
시고정거지일 이관절부 무통기사 여어랑묘지상 이주기사

敵人開闔, 必亟入之, 先其所愛, 微與之期. 踐墨隨敵, 以決戰事.
적인개합 필극입지 선기소애 미여지기 천묵수적 이결전사

是故始如處女, 敵人開户, 後如脫兎, 敵不及拒.
시고시여처녀 적인개호 후여탈토 적불급거

이 단락에서는 원정할 때의 전쟁 원칙에 대해 설명하고 있는데, 승리를 위해선 수단과 방법을 가리지 않는 '교능성사巧能成事'의 전술처럼 교묘함이 핵심입니다.

처음에는 처녀처럼 조용히 행동하다가 적이 빈틈을 보이면 덫에서 빠져나와 달아나는 토끼처럼 재빠르게 공격하라는 것으로, 기만술과 속도술이 분명하게 드러납니다.

제 12 편

# 화공火攻

## 불로 공격을 돕는 법

이 편은 고대의 전투에서 무척 중요하고 활용도가 높았던
불로 하는 공격에 대해 논하고 있습니다.
1편 〈시계〉의 첫머리에서 펼쳤던
전쟁이란 나라의 존망을 좌우하는 것이니 신중해야 한다는 내용을
이 편의 말미에 다시 언급한 것이 눈에 띕니다.

# 빅데이터 시대에 10대가 꼭 알아야 할
# 손자병법

# 화공의 5가지 방법

손자가 말하였다.

무릇 불로 하는 공격에는 다섯 가지 방법이 있다. 첫째, 적의 군사와 말을 불태우는 것이다. 둘째, 적의 식량 창고를 불사르는 것이다. 셋째, 적의 수송 차량을 불태우는 것이다. 넷째, 적의 창고를 불사르는 것이다. 다섯째, 적의 부대나 진영을 불태우는 것이다.

불을 사용하는 데는 반드시 일정한 조건이 있고, 불을 붙이는 장비는 반드시 평소에 갖추어야 한다. 불을 놓는 데는 적절한 때가 있고, 불이 일어나는 데는 적절한 날이 있다.

적절한 때란 건조한 날씨를 말함이요, 적절한 날이란 달이 기성箕星, 벽성壁星, 익성翼星, 진성軫星에 있는 날을 뜻한다. 무릇 이 네 별자리의 날은 바람이 일어난다.

孫子曰: 凡火攻有五. 一曰火人, 二曰火積, 三曰火輜, 四曰火庫,
손자왈 범화공유오 일왈화인 이왈화적 삼왈화치 사왈화고

五曰火隊.
오왈화대

行火必有因, 煙火必素具. 發火有時, 起火有日. 時者, 天之燥也.
행화필유인 연화필소구 발화유시 기화유일 시자 천지조야

日者, 月在箕壁翼軫也. 凡此四宿者, 風起之日也.
일자 월재기벽익진야 범차사수자 풍기지일야

해설

화공火攻으로 적의 대군을 섬멸한 예로 적벽대전을 들 수 있습니다. 당시 조조는 83만 명의 대군을 이끌고 패주하는 유비군을 추격하고 있었습니다.

위기에 몰린 유비는 제갈량을 오나라에 사절로 보내어 손권과 동맹을 맺습니다. 손권은 조조와의 운명적인 결전을 앞두고 주유를 총사령관으로 기용합니다. 싸움에 앞서 부장 황개黃蓋가 주유에게 계책을 말했습니다.

"지금 아군은 적군에 비해 수적으로 열세입니다. 따라서 지구전을 치른다면 불리합니다. 조조의 함선은 머리와 꼬리가 서로 이어져 있습니다. 불로써 이를 공격한다면 무찌를 수 있습니다."

황개는 조조에게 항복한다는 서신을 보낸 후, 열 척의 배에 마른 나무와 기름을 싣고 나아갔습니다. 조조의 대군은 이들이 항복할 거라 믿었으나, 황개의 배들은 가까이 오면서 불을 놓고 조조의 함선으로 돌진하였습니다. 바로 이 순간 하늘도 오나라를 돕는 듯 동남풍이 거세게 불었습니다.

불은 조조의 선단으로 옮겨 붙어 이내 아수라장이 되었고, 배에 타고 있던 군사와 말들이 타 죽거나 물에 빠지는 혼란이 일어났습니다. 주유의 본대가 이 기회를 놓치지 않고 거세게 몰아붙이자, 조조의 대군은 크게 패하고 맙니다.

또한 형주를 지키던 관우가 여몽의 계략에 말려들어 패사하자, 그 원한을 갚기 위해 쳐들어온 유비의 군대를 무찌른 것도 오나라 육손의 화공이었습니다.

총사령관 육손은 무협, 건평에서 이릉까지 150여 리에 걸쳐 진을 친 유비군을 상대로 방어에만 치중하며, 때가 오기를 기다렸습니다. 봄이 가고 여름이 오자 유비의 군대도 기세가 꺾이고 해이해지기 시작했습니다.

육손은 이 틈을 타 예하 부대에 공격 명령을 내립니다. 그는 군사마다 띠 한 묶음을 지니고 촉의 40여 군데 진영을 일시에 불태우게 했습니다. 뜻밖의 화공을 당한 유비군은 변변히 싸워 보지도 못한 채 무너지고 맙니다.

# 불의 변화에 따른 화공법

화공은 반드시 다섯 가지 불의 변화에 따라 알맞게 대처해야 한다.

첫째, 불이 적의 진영 안에서 일어나면 즉시 밖에서 이에 호응해야 한다. 둘째, 불이 났는데도 적군이 침착하면 조급하게 공격하지 말고 상황을 지켜보면서 기다려야 한다. 불길이 가장 치열해졌을 때 공격이 가능한 상황이면 공격을 하고, 공격이 불가능한 상황이면 공격을 포기해야 한다.

셋째, 적진 밖에서 불을 지를 수 있다면 적진 안에서 불이 일어나기를 기다리지 말고 제때에 질러야 한다. 넷째, 바람이 불어오는 쪽에서 불이 일어날 때에는 바람을 받는 쪽에서 공격해서는 안 된다. 다섯째, 낮에 바람이 오래 불면 밤에는 바람이 그치게 된다.

무릇 군대는 반드시 다섯 가지 불의 변화를 파악하고, 이를 술수術數로 하여 스스로를 지켜야 한다. 그러므로 불로써 공격을 도우려면 슬기로워야 하고, 물로써 공격을 도우려면 강인해야 한다. 수공으로는 적을 차단할 수는 있지만 빼앗을 수는 없다.

凡火攻, 必因五火之變而應之.
범 화 공 필 인 오 화 지 변 이 응 지

火發於內, 則早應之於外. 火發而其兵靜者, 待而勿攻,
화 발 어 내 즉 조 응 지 어 외 화 발 이 기 병 정 자 대 이 물 공

極其火力, 可從而從之, 不可從而止. 火可發於外,
극 기 화 력 가 종 이 종 지 불 가 종 이 지 화 가 발 어 외

無待於內, 以時發之. 火發上風, 無攻下風. 晝風久, 夜風止.
무 대 어 내 이 시 발 지 화 발 상 풍 무 공 하 풍 주 풍 구 야 풍 지

凡軍必知有五火之變, 以數守之. 故以火佐攻者明,
범 군 필 지 유 오 화 지 변 이 수 수 지 고 이 화 좌 공 자 명

以水佐攻者強. 水可以絶, 不可以奪.
이 수 좌 공 자 강 수 가 이 절 불 가 이 탈

화공이 벌어졌을 때는 불길이 올랐을 때 적의 진형에 생기는 변화를 잘 보고 현명하게 대응해야 합니다. 상대의 진중에서 불길이 올랐다면 이것은 적중에 아군의 첩자가 있어 이쪽의 공격을 요하려는 것이므로 우물쭈물하지 말고 바로 외부에서 공격을 개시해야 합니다.

그러나 불길이 올랐는데도 적병들이 떠들거나 당황하는 행동을 보이지 않는다면 선불리 공격하지 말고 잠시 형편을 살펴보아야 합니다. 불길이 세차게 오르느냐 또는 가라앉느냐에 따라 공격을 하거나 보류해야 하는 것입니다.

차라리 적진 밖에서 불을 지르는 편이 좋다고 판단되었을 때는 적진에서 불길이 일어나기를 기다릴 것 없이 시각과 풍향 등을 판단하여 적당한 방법을 취하는 편이 좋습니다.

또 불길이란 바람이 부는 쪽으로 번져 나가게 마련입니다. 그러므로

아래쪽에서 공격을 개시했다간 오히려 아군이 큰 불길에 휩싸여서 고전을 면치 못하는 경우가 생길 수 있으므로 바람의 방향을 반드시 염두에 두어야 합니다. 그리고 낮 동안 바람이 계속해서 불며 그치지 않을 때는 반드시 밤에 바람이 그친다는 것을 알아 둘 필요가 있습니다.

다섯 가지의 변화를 감안해야 하는 화공은 상대를 공격하는 수단이기도 하지만 아군이 받을 수 있는 공격의 도구가 되기도 합니다. 그러므로 이 점에 대해 충분한 지식을 가지고 있어야 하며, 그때그때 사정에 맞게 적용시켜 만반의 경계 태세를 갖추어야 합니다.

수공水攻 역시 강력한 공격 수단입니다. 그러나 수공은 양도 · 탈출 · 연락 · 구원 · 출격 등을 봉쇄할 수는 있으나 상대가 가지고 있는 것을 못 쓰게 하는 데는 적합하지 않습니다. 이것이 화공과 수공의 다른 점입니다.

# 이겨도 이익을 얻지 못하면 의미가 없다

무릇 싸워서 이기고 공격하여 빼앗아도 얻은 이익이 없다면 흉한 것이다. 이를 가리켜 비류費留, 인명과 재산을 허비하면서 머물러 있는 것이라고 한다.

따라서 슬기로운 임금은 이를 깊이 생각하고, 훌륭한 장수는 온전하게 다스린다. 그래서 유리하지 않으면 움직이지 않고, 얻는 바가 없으면 병력을 사용하지 않으며, 위태롭지 않으면 싸우지 않는다.

군주는 노여움 때문에 군사를 일으켜서는 안 되며, 장수는 성이 난다고 전투를 해서는 안 된다. 이득에 맞으면 행동하고 이득에 맞지 않으면 행동해서는 안 된다. 노여움은 다시 기꺼움이 될 수 있고 성냄은 다시 즐거움이 될 수가 있지만, 망한 나라는 다시 세울 수 없고 죽은 사람은 다시 살아날 수 없는 것이다.

따라서 지혜로운 군주는 전쟁에 신중하고, 뛰어난 장수는 싸움에 앞서 깊이 경계한다. 그것이 곧 나라를 안전하게 하고 군대를 보전하는 방도이다.

夫戰勝攻取, 而不修其功者凶, 命曰 "費留".
부 전 승 공 취 이 불 수 기 공 자 흉 명 왈 비 류

故曰: 明主慮之, 良將修之. 非利不動, 非得不用, 非危不戰.
고 왈 명 주 려 지 양 장 수 지 비 리 부 동 비 득 불 용 비 위 부 전

主不可以怒而興師, 將不可以慍而致戰. 合於利而動,
주 불 가 이 노 이 흥 사 장 불 가 이 온 이 치 전 합 어 리 이 동

不合於利而止. 怒可以復喜, 慍可以復悅, 亡國不可以復存,
불 합 어 리 이 지 노 가 이 부 희 온 가 이 부 열 망 국 불 가 이 부 존

死者不可以復生.
사 자 불 가 이 부 생

故明君慎之, 良將警之. 此安國全軍之道也.
고 명 군 신 지 양 장 경 지 차 안 국 전 군 지 도 야

싸우면 이겨야 하고, 공격하면 뭔가 얻는 것이 있어야 합니다. 싸워도 이기지 못하고 공격하고도 취하지 못했다면 희생을 감수하고도 얻은 게 없으니 최악에 해당합니다. 전쟁으로 인한 인명과 물자의 손실은 나라에 큰 부담이 되므로, 현명한 군주와 훌륭한 장수는 이를 삼가고 경계하였습니다.

사실 여러 차례 전쟁을 하여 승리하여도 이익을 얻은 나라는 적은 반면 피폐해진 나라는 많았습니다. 그만큼 승리를 지킨다는 것은 어려운 일입니다. 또한 소모전으로 이어져 끝내 나라를 망하게 하는 원인이 되기도 합니다.

제 15 편

# 용간用間
# 첩보전에서 승리하라

적을 아는 것을 승리의 전제조건으로 삼은 만큼
〈용간用間〉 편에서는 첩자 활용의 중요성과 다섯 종류의 첩자,
첩자의 임무, 적이 보낸 첩자를 역이용하는 반간反間에 대해 논합니다.
《손자병법》의 전체 주제인 '지피지기'의 핵심이 이 편에서 드러납니다.

빅데이터 시대에 10대가 꼭 알아야 할
손자병법

# 전쟁의 승패를 좌우하는 첩보

손자가 말하였다.

무릇 10만의 군사를 동원하여 천리를 원정하자면 백성의 비용이나 나라의 군사비가 하루에 천금이 소비된다. 또한 나라의 안팎이 소란스레 움직이며, 백성들 중에는 물자 수송에 지치고 생업에 종사하지 못하는 이가 70만 호나 된다. 이런 상태로 버티기를 수년 동안 해도 승패는 단 하루 만에 결판이 난다. 그럼에도 불구하고 벼슬과 봉록으로 주는 백금을 아끼어 적의 사정을 알려고 하지 않는 것은 매우 어질지 못한 짓이다. 이런 사람은 군사들을 이끌 장수의 그릇이 못 되고, 군주를 보좌할 자격도 없으며, 승리의 주역도 될 수 없다.

따라서 지혜로운 군주와 훌륭한 장수가 군대를 움직이면 반드시 승리하고, 남보다 뛰어난 공을 세우는 것은 적의 정황을 먼저 알았기 때문이다. 적의 정황은 귀신에게 물어서 될 일도 아니며, 경험에서 배울 수 있는 것도 아니고, 법도에 의해 시험해 볼 수 있는 것도 아니다. 오직 첩자를 통해 적의 정황을 아는 것이다.

孫子曰: 凡興師十萬, 出兵千里, 百姓之費, 公家之奉,
손자왈 범흥사십만 출병천리 백성지비 공가지봉

日費千金. 内外騷動, 怠於道路, 不得操事者, 七十萬家.
일비천금 내외소동 태어도로 부득조사자 칠십만가

相守數年, 以爭一日之勝, 而愛爵祿百金, 不知敵之情者,
상수수년 이쟁일일지승 이애작록백금 부지적지정자

不仁之至也. 非人之將也, 非主之佐也, 非勝之主也.
불인지지야 비인지장야 비주지좌야 비승지주야

故明君賢將, 所以動而勝人, 成功出於衆者, 先知也.
고명군현장 소이동이승인 성공출어중자 선지야

先知者, 不可取於鬼神, 不可象於事, 不可驗於度. 必取於人,
선지자 불가취어귀신 불가상어사 불가험어도 필취어인

知敵之情者也.
지적지정자야

해설

전쟁은 첩보전에서 그 승패가 판가름 난다고 해도 지나친 말이 아닐 것입니다. 적의 실정을 제대로 파악한 후에야 필승의 전략을 세울 수 있기 때문이지요. 그러므로 강대국일수록 첩보 활동에 심혈을 기울이며, 거기에 드는 비용을 아끼지 않습니다.

유능한 첩보원이 빼낸 적의 일급 비밀은 전쟁 시 수많은 아군의 생명을 구할 수도 있고, 또한 수십만의 원군 못지않은 위력을 지니기도 합니다. 역사상 유명한 장군들의 승리도 알고 보면 첩보 활동에 크게 의존했던 경우가 많습니다.

# 다섯 종류의 첩자

따라서 첩자를 쓰는 방도에는 다섯 가지가 있으니 향간鄕間, 내간內間, 반간反間, 사간死間, 생간生間이 그것이다.

다섯 가지 첩자를 한꺼번에 활동하게 해도 적은 그 사실을 알지 못하니 이를 신묘해서 추측하기 어려운 도라고 하며, 군주의 보배라고 하는 것이다.

향간은 적의 고을 사람을 꾀어내어 이용하는 것이다. 내간은 적군의 관리를 꾀어내어 이용하는 것이다. 반간은 적의 첩자를 꾀어내어 역이용하는 것이다.

사간은 거짓 정보를 적군의 첩자가 믿게 하여 이를 적에게 전하도록 하는 것이다. 생간은 적지에 들어갔다가 되돌아와 보고하는 것이다.

故用間有五, 有鄕間, 有內間, 有反間, 有死間, 有生間.
고 용 간 유 오 유 향 간 유 내 간 유 반 간 유 사 간 유 생 간

五間俱起, 莫知其道, 是謂神紀, 人君之寶也.
오 간 구 기 막 지 기 도 시 위 신 기 인 군 지 보 야

鄕間者, 因其鄕人而用之. 內間者, 因其官人而用之.
향 간 자 인 기 향 인 이 용 지 내 간 자 인 기 관 인 이 용 지

反間者, 因其敵間而用之.
반 간 자 인 기 적 간 이 용 지

死間者, 為誑事於外, 令吾間知之, 而傳於敵間也.
사 간 자 위 광 사 어 외 영 오 간 지 지 이 전 어 적 간 야

生間者, 反報也.
생 간 자 반 보 야

해설

첩자는 그 성격상 향간 · 내간 · 반간 · 사간 · 생간, 이 다섯 가지로 나눌 수 있습니다. 향간은 적국의 지방 사람을 매수하여 정보를 얻는 경우입니다. 이런 사람은 아군의 입장에서는 상당히 쓸모 있는 존재입니다.

내간은 적국의 공직자를 매수하는 경우입니다. 그는 직무와 관련된 기밀을 알고 있으므로 그 정보 가치가 매우 높습니다. 또한 그가 고위직 관리라면 적국의 정책을 아군에 유리하게 시행할 수도 있을 것입니다.

반간은 적이 보낸 첩자를 역이용하는 경우입니다. 즉 아군의 거짓 정보를 적의 첩자에게 주어 그가 다시 그쪽에 전하도록 하는 것이지요. 사간이란 아군에 침투한 적의 첩자에게 거짓 정보를 흘려주어 그가 다시 이를 적국에 들어가 전하도록 하는 경우입니다.

생간은 적국에 잠입하여 정보를 수집한 후 살아 돌아와 이를 보고하는 경우입니다. 예컨대 몽골의 칭기즈칸은 서역의 상인들을 정보원으로 이용했습니다. 이들은 장사를 빙자하여 적국에 잠입한 후 돌아와 수집한 정보를 몽골군에게 제공했습니다. 칭기즈칸의 위대한 무훈도 생간의 활약에 크게 의존한 셈입니다.

# 첩자 관리의 어려움

그러므로 삼군의 일 중에 첩자와의 관계보다 더 친밀한 게 없고, 상은 첩자에게 주는 것보다 더 후한 게 없으며, 일은 첩자의 그것보다 더 비밀스러운 게 없다.

성인의 슬기가 아니면 첩자를 쓸 수가 없고, 인의가 아니면 첩자를 부리지 못하며, 세심하고 치밀하게 살필 줄 모르면 첩자의 실효를 거둘 수 없으니 미묘하고도 미묘한 것이다.

전쟁에 첩자가 이용되지 않은 곳은 없다. 그러나 첩자 활동의 기밀이 미리 새어 버리면 그 첩자와 알린 자는 모두 죽임을 당한다.

故三軍之事, 莫親於間, 賞莫厚於間, 事莫密於間.
고삼군지사 막친어간 상막후어간 사막밀어간

非聖智不能用間, 非仁義不能使間, 非微妙不能得間之實.
비성지불능용간 비인의불능사간 비미묘불능득간지실

微哉! 微哉!
미재 미재

無所不用間也. 間事未發而先聞者, 間與所告者皆死.
무소불용간야 간사미발이선문자 간여소고자개사

적의 형편을 정탐하는 일에는 희생이 따르게 마련입니다. 따라서 첩보 활동에 종사하는 사람들이 사명감과 보람을 느낄 수 있도록 그 책임자는 지원과 배려를 아끼지 말아야 합니다.

그리고 수집된 정보의 진위를 분석하는 일에도 남다른 지혜와 판단력이 요구됩니다. 왜냐하면 적이 일부러 흘린 거짓 정보가 섞여 들어갈 수 있기 때문이다.

또한 적의 첩보망을 일망타진하고 우리 측의 기밀이 새어 나가지 않도록 조처하는 것도 중요합니다. 이런 업무의 책임자는 뛰어난 두뇌와 수완을 갖춘 사람이라야 합니다.

# 적에 대한 사소한 정보도 놓치지 마라

적의 부대를 공격하거나, 적의 성을 공략하거나, 적국의 중요한 인물을 제거하고자 할 때는 반드시 미리 아군의 첩자를 시켜 대상 지역의 수비 장수, 보좌관, 심부름꾼, 문지기, 호위병의 이름까지도 알아내야 한다.

凡軍之所欲擊, 城之所欲攻, 人之所欲殺,
범 군 지 소 욕 격　성 지 소 욕 공　인 지 소 욕 살

必先知其守將左右謁者門者捨人之姓名, 令吾間必索知之.
필 선 지 기 수 장 좌 우 알 자 문 자 사 인 지 성 명　영 오 간 필 색 지 지

해설

공격할 상대가 정해지면 그에 관해 중점적으로 알아내어, 공격 시간과 장소, 방법 등을 정하기 전에 반드시 참고해야 합니다. 높은 성을 공격해야 할 때 정보 없이 공격한다면 백전백패일 것입니다. 적국의 중요한 인물을 제거하고자 할 때 대상 지역의 수비 장수, 보좌관, 심부름꾼, 문지기, 호위병의 이름까지도 알아내라는 것은 그만큼 사소한 정보도 놓치지 말아야 함을 의미합니다.

# 적의 첩자를 찾아내 회유하라

적의 첩자로 와서 아군을 살피는 자를 반드시 찾아내어 더 큰 이익으로 회유하여 적국으로 돌려보냄으로써 반간을 얻어 이용할 수 있다.

이 첩자로 말미암아 적의 실정을 알게 되므로 향간, 내간을 구하여 부릴 수 있다. 이로써 적국의 여러 가지 일을 알게 되므로 사간에게 허위 정보를 주어 적에게 전할 수 있는 것이다. 이 반간에 의해 적의 실정을 알게 되므로 생간을 보내어 기일 내로 돌아와 아뢰게 할 수 있다.

다섯 가지 유형의 첩자에 관한 일은 군주라면 반드시 알고 있어야만 한다. 첩자의 운용 중에서도 가장 중요한 것은 반간의 활용 방법이다. 그러므로 반간을 후대하지 않으면 안 된다.

必索敵人之間來間我者, 因而利之, 導而捨之,
필 색 적 인 지 간 내 간 아 자 인 이 리 지 도 이 사 지

故反間可得而用也.
고 반 간 가 득 이 용 야

因是而知之, 故鄕間內間可得而使也; 因是而知之,
인 시 이 지 지 고 향 간 내 간 가 득 이 사 야 인 시 이 지 지

故死間爲誑事, 可使告敵; 因是而知之, 故生間可使如期.
고 사 간 위 광 사 가 사 고 적 인 시 이 지 지 고 생 간 가 사 여 기

五間之事, 主必知之, 知之必在於反間, 故反間不可不厚也.
오 간 지 사 주 필 지 지 지 지 필 재 어 반 간 고 반 간 불 가 불 후 야

적의 첩자를 찾아내 우리 편이 되도록 회유해야 합니다. 이런 반간을 이용하면 적국에 우리의 첩보망을 만들 수도 있고, 적의 대응 태세에 혼란과 차질을 일으키게 할 수 있습니다. 사간을 통하여 적에게 허위 정보를 제공하는 일이나, 생간에 의한 정보 수집의 성공 여부도 반간이 그 열쇠를 쥐고 있는 셈입니다.

그러므로 군주와 장수는 반간에 대한 보수와 배려에 소홀함이 있어서는 안 됩니다.

# 유능한 장수는 첩자를 활용할 줄 안다

옛날 은나라가 흥성할 때 이지伊摯는 하나라에 있었고, 주나라가 흥성할 때 여아呂牙는 은나라에 있었다. 따라서 총명한 군주와 유능한 장수는 뛰어난 지략으로 첩자를 활용하여 반드시 큰 공적을 이룰 수 있었다. 이것이 용병의 주요한 핵심으로, 삼군이 그를 믿고 움직이게 되는 것이다.

昔殷之興也, 伊摯在夏; 周之興也, 呂牙在殷. 故惟明君賢將,
석은지흥야 이지재하 주지흥야 여아재은 고유명군현장
能以上智為間者, 必成大功. 此兵之要, 三軍之所恃而動也.
능이상지위간자 필성대공 차병지요 삼군지소시이동야

해설

상나라 탕왕이 하나라의 걸왕을 정벌할 때 참모 이윤伊尹의 공이 컸습니다. 그는 원래 하나라 출신으로 그쪽의 실정을 잘 알고 있었던 것입니다.

주나라 무왕이 은나라 주왕을 멸할 때는 참모 여상呂尙이 큰 역할을 합니다. 본디 은나라 사람으로 그쪽의 내막을 잘 알고 있었던 것입니다.

걸왕과 주왕은 사람을 알아보는 안목이 없었으므로 큰 인물을 적대

세력에 넘겨주고 만 셈입니다.

군주와 장수는 뛰어난 지혜로써 유능한 첩보원을 기용하여 정보를 수집해야 합니다. 이는 최소의 희생과 비용으로 최대의 전과를 거두는 방도일 것입니다.

손무는 이러한 첩보 활동을 용병의 핵심으로 보고 있습니다.

빅데이터 시대에 10대가 꼭 알아야 할
# 손자병법

**초판 인쇄일** 2024년 1월 15일
**초판 발행일** 2024년 2월 1일

**지은이** 손 무
**옮긴이** 유 진
**펴낸이** 김순일
**펴낸곳** 주니어미래
**신고번호** 제2024-000016호
**주소** 경기도 고양시 덕양구 삼송로 222, 현대헤리엇 업무시설동(101동) 301호
**전화** 02-715-4507
**팩스** 02-713-4805
**이메일** mirae715@hanmail.net
**홈페이지** www.miraepub.co.kr
**블로그** blog.naver.com/miraepub

ISBN 978-89-7299-564-7 (43140)

**주니어미래는 미래문화사의 청소년 브랜드입니다.**

- 미래문화사에서 여러분의 원고를 기다립니다.
  단행본 원고를 mirae715@hanmail.net으로 보내 주세요.